# BEI GRIN MACHT SICH IHR WISSEN BEZAHLT

- Wir veröffentlichen Ihre Hausarbeit, Bachelor- und Masterarbeit
- Ihr eigenes eBook und Buch - weltweit in allen wichtigen Shops
- Verdienen Sie an jedem Verkauf

Jetzt bei www.GRIN.com hochladen und kostenlos publizieren

**Bibliografische Information der Deutschen Nationalbibliothek:**

Die Deutsche Bibliothek verzeichnet diese Publikation in der Deutschen National-
bibliografie; detaillierte bibliografische Daten sind im Internet über http://dnb.d-
nb.de/ abrufbar.

Dieses Werk sowie alle darin enthaltenen einzelnen Beiträge und Abbildungen
sind urheberrechtlich geschützt. Jede Verwertung, die nicht ausdrücklich vom
Urheberrechtsschutz zugelassen ist, bedarf der vorherigen Zustimmung des Verla-
ges. Das gilt insbesondere für Vervielfältigungen, Bearbeitungen, Übersetzungen,
Mikroverfilmungen, Auswertungen durch Datenbanken und für die Einspeicherung
und Verarbeitung in elektronische Systeme. Alle Rechte, auch die des auszugsweisen
Nachdrucks, der fotomechanischen Wiedergabe (einschließlich Mikrokopie) sowie
der Auswertung durch Datenbanken oder ähnliche Einrichtungen, vorbehalten.

**Impressum:**

Copyright © 2018 GRIN Verlag
Druck und Bindung: Books on Demand GmbH, Norderstedt Germany
ISBN: 9783668836495

**Dieses Buch bei GRIN:**

https://www.grin.com/document/445701

Klaus Bahners

# Die Geschichte des Schützenvereins Düsseldorf-Heerdt

GRIN Verlag

## GRIN - Your knowledge has value

Der GRIN Verlag publiziert seit 1998 wissenschaftliche Arbeiten von Studenten, Hochschullehrern und anderen Akademikern als eBook und gedrucktes Buch. Die Verlagswebsite www.grin.com ist die ideale Plattform zur Veröffentlichung von Hausarbeiten, Abschlussarbeiten, wissenschaftlichen Aufsätzen, Dissertationen und Fachbüchern.

## Besuchen Sie uns im Internet:

http://www.grin.com/

http://www.facebook.com/grincom

http://www.twitter.com/grin_com

# Der St. Sebastianus Schützenverein Düsseldorf-Heerdt

# Die Geschichte des St. Sebastianus Schützenvereins Düsseldorf-Heerdt

*Klaus Bahners*

Düsseldorf 2018

# Der St. Sebastianus Schützenverein Düsseldorf-Heerdt
## Erster Teil: Die Geschichte des Vereins von 1910 bis 2016

Obwohl sich der Heerdter Schützenverein auf eine mehr als 440 Jahre alte Tradition beruft, gibt es keine zusammenfassende Darstellung seiner Geschichte. Zwar sind die Anfänge des Vereins gut dokumentiert[1], aber eine Monographie über das Heerdter Schützenwesen vom Ende des 19. Jahrhunderts bis heute fehlt [2]. In der vom Großen Düsseldorfer Schützenverein herausgegebenen Zeitschrift, die seit 1979 „Der Schlossturm" heißt, wird man zum Thema Heerdt nicht fündig[3]; und die seit 1993 vom Heerdter Schützenverein jährlich publizierte Schrift „Wir in Heerdt" ist zweifellos ein wichtiges und lobenswertes Presseorgan; es ist aber weniger ein Spiegelbild der Geschichte des ganzen Vereins als vor allem seiner einzelnen Gesellschaften (Kompanien).

Das Fehlen einer neueren Abhandlung über den Heerdter Schützenverein ist umso erstaunlicher, als man von einer hervorragenden Quellenlage ausgehen kann. Insofern stellt der vorliegende Beitrag einen ersten Versuch dar, Kontinuitäten und Brüche im Vereinsleben der letzten 100 Jahre herauszuarbeiten. Dabei wird sich der Verfasser nahezu ausschließlich auf die vom Vereinsvorstand abgefassten und archivierten Protokolle und Berichte stützen und alle anderen möglichen – und sicherlich wichtigen! – Quellen wie die verschiedenen Fassungen der Satzung[4], die Geschäftspost des Vereins, die Kassenberichte, die entsprechenden Unterlagen der einzelnen Gesellschaften[5] und einzelner Mitglieder, die Presseveröffentlichungen einschließlich der vielen tausend Fotos, die im Verein und bei den Heerdter Bürgern seit Generationen existieren, nur ausnahmsweise heranziehen. Hinzu kämen Hunderte von mündlichen Berichten der direkt Beteiligten und der „Augenzeugen" (oral history), aber auch Erzählungen aus zweiter Hand („Der Opa hat früher erzählt,..."). Die im Zusammenhang mit der Publikation dieses Beitrags im siebten Band der Reihe „Heerdt im Wandel der Zeit" abgedruckten bildlichen und literarischen Darstellungen haben hier keinen Quellenwert, sondern rein illustrativen Charakter. Der Verfasser will damit noch einmal seine materialbezogenen Grenzen abstecken und zugleich dazu ermuntern, die „eigentliche" große Geschichte des St.- Sebastianus-Schützenvereins Düsseldorf-Heerdt 1573 e.V. zu schreiben.

Blättert man das erste Protokollbuch durch, das mit der Niederschrift über die Generalversammlung (GV) vom 28.7.1910 beginnt, so ist man erstaunt festzustellen, in wie vielen Heerdter Familien die aktive Mitgliedschaft im Schützenverein über mehrere Generationen eine

Selbstverständlichkeit ist[6]. Dies sei nur ein (erstes) Beispiel für die oben erwähnten „Kontinuitäten". Die in demselben Zusammenhang genannten „Brüche" ergeben sich wie von alleine, und zwar durch die beiden Weltkriege. Insofern teilt der Heerdter Schützenverein nicht nur das Schicksal aller anderen Vereine – also z.b. auch der Heimat- und Bürgervereine und der Karnevalsvereine - , sondern ist wie sie eng verbunden mit dem Verlauf der neueren deutschen Geschichte, die – wie noch zu zeigen sein wird – sich mehr oder weniger deutlich in den schriftlich festgehaltenen Aktivitäten einzelner Schützen wie vor allem auch des Vereins und seines Vorstandes widerspiegelt.

Kontinuitäten und Brüche in der Geschichte müssen nicht unbedingt identisch sein mit dem, was das Bewusstsein der Zeitgenossen bzw. der Nachgeborenen als historischen Ablauf von Epochen aufgenommen und verarbeitet hat. Während man nach 1945 in Deutschland allgemein von der so genannten „Stunde null" sprach und damit zum Ausdruck brachte, dass man wieder da einsetzen wollte, wo spätestens 1933 die demokratische Tradition aufgehört hatte, um – wie man meinte – die unseligen 12 Jahre des Dritten Reiches auszulöschen, sahen sich die meisten Vereine sowohl nach dem Ersten wie auch nach dem Zweiten Weltkrieg in einer ungebrochenen Kontinuität, wie z.B. die für 1924 geplante 60-Jahr-Feier oder die vielen Verleihungen von Ehrennadeln für eine langjährige Mitgliedschaft im Heerdter Schützenverein zeigen: Dabei wurden die Jahre vom Eintritt in den Verein bis zur jeweiligen Würdigung durchgezählt, unabhängig davon, ob zwischenzeitlich wegen des Krieges das aktive Schützenwesen für mehrere Jahre geruht hatte. Nicht nur die deutsche Geschichte hat gezeigt, dass in der Praxis weder die reine Kontinuitäts- noch die reine Diskontinuitätstheorie für die Bildung eines historisch-politischen Bewusstseins anwendbar ist.

Die hier als Quelle zugrunde gelegten Protokolle und Berichte des Heerdter Schützenvereins befinden sich in vier Protokollbüchern, die jeweils 275, 279, 332 und – bis Ende 2007 – rund 200 Seiten umfassen, also insgesamt 1086 Seiten. Der erste Band beinhaltet 250 Protokolle über den Zeitraum 28.7.1910 bis 2.11.1953, der zweite 270 Protokolle (28.11.1953 bis 6.10.1986), der dritte 100 Protokolle (19.11.1986 bis 14.10.1998) und der vierte 67 Protokolle und Berichte (einschließlich einiger Anträge) für den Zeitraum 21.10.1998 bis 4.11.2007. Insgesamt liegen damit 687 Einzeldokumente vor, die wohl eine Aussage über den Heerdter Schützenverein in den letzten 100 Jahren erlauben. Obwohl dieser Verein im Jahre 1864 wieder gegründet wurde [7], gibt es anscheinend für die ersten 46 Jahre keine Protokolle; das erste Protokollbuch verzeichnet lediglich für jedes Jahr – mit 1864 beginnend – den Namen des jeweiligen Schützenkönigs und seiner Gesellschaft. Es wird noch zu zeigen sein, dass der Verein sich noch 1914 und 1924 mit der 50- bzw. 60-Jahr-Feier auf dieses (Wieder-)Gründungsdatum beruft. Erst 1937 sollte dies anders werden....

Bevor im folgenden die Geschichte des Vereins – nach historischen Epochen bzw. nach Amtsperioden der ersten Vorsitzenden gegliedert – aufgezeichnet wird, soll der Vollständigkeit halber noch nachgetragen werden, dass – wie oben erwähnt – nicht nur die Protokolle von Vorstandssitzungen und Generalversammlungen bis 1910 fehlen, sondern dass es noch zwei weitere Aussparungen gibt: Es gibt keine Niederschriften für den Zeitraum vom 19. Juli 1914 bis zum 28. Mai 1920 und vom 1. Februar 1937 bis Juli 1946, obwohl es sowohl 1914 wie auch 1937, 1938 und 1939 ein Heerdter Schützenfest gab: Zumindest werden im ersten Protokollbuch für diese Jahre die Namen der Schützenkönige verzeichnet.

## I. Der Heerdter Schützenverein im Kaiserreich

Das erste Protokollbuch beginnt wie folgt: „Angelegt am 23. Juli 1910." Dann werden die Mitglieder des damaligen Vorstands genannt: „Präsident: Jacob Goebels, Stellvertreter: Josef Schäfer, Schriftführer: Jacob Hummelsbeck, Stellvertreter: Heinrich Lütz, Kassierer: Johann Röthlin, Stellvertreter: Ludwig Osterland". Für die Jahre 1910 bis 1914 verzeichnet das Protokoll insgesamt 19 GV, 5 Vorstandssitzungen (VS) und zwei so genannte „Vorversammlungen". In der Regel tagte man bei Carl Bössen („Zu den drei Füchsen", Krefelderstr. 81), einmal bei Heinrich Mäschig („Zur Trompete", Heerdter Landstr. 59), einmal bei Jacob Mäschig (Cölnerstr. 162, später Pariser Straße), einmal bei Küppers („Wetzelhof"). Häufig fehlt aber die Nennung des Tagungsortes. Neben den üblichen Formalitäten geben die Protokolle besondere Aktivitäten wie die Planung eines Familienfestes für Schützen am Weihnachtstag wieder. Dabei sollen die neuen Mitglieder vorgestellt werden. Die entsprechende GV endet mit einem Appell an die anwesenden Schützen, Vorbild zu sein an „Bürger- und Gemeinsinn". Im Jahre 1911 diskutierte man die Frage, ob überhaupt ein Schützenfest stattfinden soll. Nach einer positiven Entscheidung werden die Vereinsmitglieder vom Vorsitzenden ermuntert, die Heerdter Bevölkerung und Geschäftsleute für das Fest einzubinden.

Ab 1912 hat man es verstärkt mit der Problematik des Kugelfangs am Schiessstand und mit der Frage zu tun, wo dieser errichtet werden soll. Ein Teil des Grundstücks von Carl Bössen könnte dafür zu einer jährlichen Miete von drei Mark (!) gepachtet werden. Außerdem wird vom Ökonomierat Reinarz ein Grundstück an der Ecke Krefelder-

/Benediktusstraße zum Aufstellen von Karussells und Buden für das Schützenfest zur Verfügung gestellt. Wegen der großen Kosten soll es 1912 am Kirmessonntag keinen Zapfenstreich geben. Der Kirmesmontag wird als ein mangelhafter Tag für Einnahmen angesehen. Die Diskussion um den Kugelfang geht weiter: Er soll beim Schützenlokal, d.h. bei Bössen („Zu den drei Füchsen"), angebracht werden. Wenig später ist ein diesbezüglicher Vertrag zwischen dem Verein und Carl Bössen unter Dach und Fach. Insofern werden die Handwerker unter den Schützenmitgliedern aufgefordert, Angebote für den Bau des Kugelfangs einzureichen. Zwei Monate später wird auf einer GV mitgeteilt, dass dieser 1.768 Mark gekostet habe. In diesem Zusammenhang sei erwähnt, dass die Schützen seinerzeit noch kein für die Festtage aufgestelltes, angemietetes Zelt hatten, sondern in einem Heerdter Lokal feierten, das – laut Satzung - von der GV jährlich zu bestimmen war. Von Interesse ist noch, dass der amtierende Oberst von der GV (und nicht vom Vorstand!) wieder gewählt wurde. Dieses Wahlverfahren muss irgendwann einmal in Vergessenheit geraten sein, denn sonst würde man am 2.11.2003 nicht den Antrag stellen, den Oberst (wieder) von der Basis wählen zu lassen.

Die Versammlungen des Jahres 1914 stehen ganz im Zeichen der Vorbereitung der 50-Jahr-Feier, die im Rahmen des Schützenfestes stattfinden soll. Auf zwei „Vorversammlungen" im Mai des Jahres wird geklärt, „welche Korporationen sich als Kompanie dem Schützenverein" anschließen. Der *Arbeiterverein* und die *Jägerlust* sagen spontan zu; die *Sanitätskolonnen* schließen sich an, während der Vertreter des *Kriegervereins* dessen Beteiligung von einer finanziellen Zuwendung durch den Schützenverein abhängig macht. In dichter zeitlicher Abfolge klären weitere Versammlungen, dass die „Edelknaben" (also die Pagen) rechtzeitig für das Schützenfest angemeldet werden müssen. Beim Fackelzug sollen die Fackeln die Aufschrift „1864-1914 Schützenverein" tagen; und das Hochamt für die Lebenden und Verstorbenen des Vereins soll am Kirmessonntag um 10 Uhr stattfinden. Es wird über den „Königssold" und über die zu verpflichtenden Musikkapellen diskutiert: Das *Tambourcorps* – nicht zu verwechseln mit dem 1922 gegründeten! – und Kapellen aus Rheinberg, Uerdingen und Düsseldorf werden aufgefordert, entsprechende Angebote abzugeben. Aus ungenannten Gründen sagt der *Männergesangverein Heerdt* seine Jubiläumsteilnahme ab; und die Mitglieder der *Sanitätskolonnen*, die zugleich Schützen sind, gehen bei ihren Kompanien mit. Eine goldene „50" mit grüner Schleife – als Abzeichen zu tragen – wird eigens angeschafft. Bestimmten Persönlichkeiten wird die Ehrenmitgliedschaft angetragen. Dazu zählen u.a. Pfarrer und Kaplan, der Kommissar, Direktor Reinarz, die praktischen Ärzte Dr. Schmitz und Dr. Hesemann sowie der Vorsitzende des Männergesangvereins und 1910 in den Rat der Stadt Düsseldorf gewählte Benedikt Bahners[8]. Die letzten beiden Protokolle aus der Kaiserzeit halten die diversen Beschlüsse hinsichtlich der Beteiligung der Musikkapellen und der „Korporationen" fest. Neben der Fahnenerneuerung steht auch die Beleuchtung des Rathauses auf dem Festprogramm. Um dieses publik zu machen, erhalten die Firmen Mühlenbach und Hüren entsprechende Druckaufträge. Mit der Verabschiedung der Festordnung für den 26. Juli 1914 und der Wiederwahl von Oberst Lettgen endet die letzte GV (18.7.1914) vor dem Ersten Weltkrieg. Dass das Schützen- und Jubiläumsfest stattgefunden und Julius Böck den Vogel abgeschossen hat, ist hier nicht mehr verzeichnet.

II. Der Heerdter Schützenverein in der Weimarer Republik

Im Mai 1920 konstituiert sich ein „Vorläufiger Vorstand", der zu der Erkenntnis kommt, dass die wirtschaftlichen und politischen Verhältnisse noch kein Schützenfest erlauben. Mehr als ein Jahr später beschließt die erste GV nach dem Krieg das Programm für die Schützentage vom 21. bis zum 23. August 1921, die in einem bescheidenen Rahmen begangen werden sollen: Es wird im Lokal Holthausen („Zu den drei Füchsen") gefeiert werden. Jedoch müssen die Besatzungsbehörden, die aufgrund des Versailler Vertrages von 1919 die Siegermächte vertraten, noch zustimmen. Die grundsätzliche Frage, ob der Schützenkönig von 1914 noch im Amt sei, bleibt offen. Hoffnungsvoll kann man an die Festvorbereitungen gehen, werden doch am 6.8.1921 noch 29 neue Mitglieder gemeldet; eine Woche später kommen weitere 11 dazu. Nachdem der „Ehrensold" auf 600 Mark festgesetzt – von denen der Wirt Holthausen 250 Mark spendet – und die Frage nach dem Eintritts- und Tanzgeld geklärt wurden, kann das erste Schützenfest nach dem Krieg starten.

Die Herbstversammlung der Schützen 1921 beschäftigt sich naturgemäß mit dem Rückblick auf das erste Nachkriegsschützenfest, beschließt aber auch die – wohl aufgrund der veränderten politischen Verhältnisse – notwendig gewordene Ausarbeitung neuer Statuten, die zwei Monate später von der GV angenommen und anschließend dem Düsseldorfer Oberbürgermeister „zur Genehmigung" vorgelegt werden. Darin wird für die Mitglieder vorgeschrieben, dass sie „Reichsdeutsche" zu sein haben, eine - übrigens auf der GV vom 25.7.1925 annullierte - Bestimmung, die der Verfasser in dieser oder ähnlicher Form in der grundlegenden Arbeit von Plett, der mehr als 650 Schützenvereine untersucht, nicht wieder gefunden hat. Als weitere Aufgabe stellen sich dem Verein die

Klärung der leidigen Kugelfang-Frage[9] und die Verabschiedung einer Schießordnung. Das erste Problem beschäftigt die Schützen bis Mitte des Jahres 1924, während das zweite schnell gelöst wurde. Aufgrund der Tatsache, dass sich die GV seinerzeit häuften – heute findet in der Regel jährlich nur eine einzige statt -, kam es nicht selten zu einer mangelhaften Beteiligung der aktiven Schützen, so dass dann die erst bei einer Anwesenheit von einem Drittel der aktiven Mitglieder gegebene Beschlussfähigkeit fraglich war. Diese Bestimmung lässt sich direkt aus der Satzung von 1921 (im übrigen auch aus den Satzungen von 1905 und von 1934), aber auch aus dem Protokoll vom 29.8.1925 entnehmen. So waren z.B. am 29.10.1921 nur 15 Mitglieder anwesend, am 20.7.1924 nur 16, am 27.7.1924 nur 15, am 4.7.1925 nur 21 und am 12.7.1925 immerhin 28. Obwohl am 1.7.1922 in der GV 37 Schützen gezählt wurden, wurde die Beschlussunfähigkeit explizit festgestellt. Auf der anderen Seite scheint man es mit dieser Erkenntnis doch nicht so genau genommen zu haben: Auf die Frage, ob 1922 ein Schützenfest abgehalten werden soll, gibt es ein einstimmiges „Ja" (einer an sich beschlussunfähigen Versammlung).

Die folgenden Sitzungen dienen hauptsächlich der Vorbereitung des Festes. Das Angebot des Wirtes Holthausen, dafür 15.000 Mark zu spenden, darf den heutigen Leser nicht in Erstaunen versetzen: Wir sind bereits in der Zeit der Inflation, die im Herbst 1923 ihren Höhepunkt erreichte, als der Wert eines Vermögens von 100.000 Mark (Stand 1914!) auf null Mark zusammengeschmolzen war[10]. Dann erscheinen auch die „Ehrengabe" für den Schützenkönig – „mindestens 6.000 Mark" – und der Mitgliedsbeitrag – 40 Mark p.a. für die Aktiven, 150 Mark für die passive Mitgliedschaft – in einem anderen Licht.

Neben der Inflation erschüttert das große Krisenjahr 1923 u.a. aufgrund des so genannten „Ruhrkampfes" und des Hitler-Putsches die auf schwachen Füßen stehende Republik, so dass der Vorstand des Schützenvereins für 1923 kein Schützenfest einplant. Die beginnende Konsolidierung von Staat und Gesellschaft ermöglicht erst für 1924, in Heerdt ein Schützenfest zu beschließen und vorzubereiten (GV vom 13.7.1924). Obwohl auf der VS vom 15.7.1924 das Schützenfest-Programm vorgestellt wird, beschließen auf der GV vom 27.7.1924 – die sieben Tage zurückliegende GV hatte sich als beschlussunfähig erwiesen – die 15 anwesenden Mitglieder, mangels Interesse kein Schützenfest abzuhalten. Trotzdem soll auf der Benediktusstraße eine Kirmes stattfinden, falls die Stadt Düsseldorf dem bereits eingereichten Antrag des Vorstands zustimmt. Weiteres wird darüber nicht geschrieben. Das einstimmige „Ja" der GV vom 4.7.1925 zum diesjährigen Schützenfest spornt alle Beteiligten an, so dass gut eine Woche später bei der Frage nach der Ist-Stärke der Kompanien der *Landsturm* 70 (!) Mitglieder, die *Zweiten Grenadiere* 13, die *Sanitätskolonne* 30 und der *Lotterieverein* 12 Mitglieder nennen konnten. Die Vorstandswahl ergab: Schäfer (1. Chef), Lütz (2. Chef), Fischges (1. Schriftführer), Wittbusch (1. Kassierer). Am 29.7.1925 wird die Bildung eines „Ehrenausschusses" vom Verein beschlossen, ohne dass dessen Funktion näher beschrieben wird.

Zum Jahr 1925 ist noch zu berichten, dass am 10. November der Oberst des Vereins wegen „zu scharfer militärischer Kommandos" beim Schützenfest vom belgischen Kriegsgericht in Aachen zu einer Geldstrafe von 100 Mark und zum Tragen der Verfahrenskosten verurteilt wurde. Erfreulicher ist dann schon, dass der Vorstand am 18.7.1925 beschließt, die 60-Jahr-Feier des Vereins, die wegen des Ausfalls des Schützenfestes 1924 noch nicht stattgefunden hatte, nachzuholen. Eine sog. Allgemeine Vereins-Delegierten-Versammlung beschäftigt sich am 6.12.1925 mit der Frage, in welcher Weise der Schützenverein auf die Tatsache, dass der ehemalige Bürgermeister Nikolaus Knopp[11] sein 25jähriges Dienstjubiläum feiert – er war am 4.1.1901 als Bürgermeister von Heerdt eingeführt worden, das bekanntlich zum 1.4.1909 nach Düsseldorf eingemeindet wurde und daher keinen eigenen Bürgermeister mehr hatte –, reagiert und wie er sich an den Feierlichkeiten beteiligt. Außerdem beschließt diese allgemeine Versammlung diverser Vereine die Beteiligung an der so genannten „Befreiungsfeier"[12]. Die „Befreiung" bezieht sich auf die Räumung der ersten Zone (von insgesamt drei) des von den Alliierten besetzten linken Ufers des Rheins (einschließlich der Brückenköpfe Köln, Mainz und Koblenz), wozu auch der linksrheinische Teil der Stadt Düsseldorf gehörte[13]. Die im Zusammenhang mit dem so genannten „Ruhrkampf" besetzten „Sanktionsstädte" Duisburg, Ruhrort und Düsseldorf waren schon im Sommer 1925 freigeworden.

Der Heerdter Schützenverein hatte bereits 1921 die Beteiligung an den Heerdter Martinszügen zugesagt. Jetzt, im Jahre 1926, geht es um die Ehrung der Toten des Krieges auf dem Heerdter Friedhof und um die Planung eines Kriegerdenkmals, an dessen Finanzierung sich der Verein beteiligen will. Andererseits befürchtete man, dass das Schützenfest von 1926 mit einem finanziellen „Fiasko" endet. Dann seien „sämtliche Kompanien verpflichtet, prozentual beizusteuern, damit der Schaden bzw. die Unkosten gedeckt werden." Unter dem 22.4.1926 wird die Gründung der *Fidelen Schützen* und ihr Beitritt zum Verein mitgeteilt. Die GV vom 3.10.1926 in der Wirtschaft von Fräulein Louise Daniels (Krefelderstr. 3) beschließt die Beteiligung der Heerdter am Gesolei-Schützenfest[14]. Da die GV vom 5.12.1926 nicht beschlussfähig ist, legt man eine kurze Pause ein und eröffnet danach eine neue GV, deren Beschlussfähigkeit implizit vorausgesetzt wird. Der Wortlaut der Satzung von 1921 lässt dies wohl zu, aber dieses Verfahren dürfte nicht dem beabsichtigten Sinn der Vorschrift entsprechen. Eine Beteiligung der Schützen bei der Einweihung der Notkirche am Handweiser wird es nicht geben, weil diese Feier zu spät bekannt gegeben worden sei. Das Titularfest und die Ehrung der Gefallenen sollen im Februar 1927 stattfinden. Schließlich werden noch die neuen Jahresbeiträge festgesetzt: Jedes Mitglied zahlt jährlich sechs Mark; der passive Beitrag beträgt 12 Mark. Wegen der schlechten wirtschaftlichen Lage gab es ab 5.7.1930 für die Aktiven eine Beitragsreduzierung um zwei auf jährlich vier Mark.

Im Jahre 1929 erfährt man zum ersten Mal etwas von einem für den 19.10. des Jahres geplanten Festball zu Ehren des „Jungkönigs"; und das Preisschießen soll am 29.9. bei Schalljo („Fischerhaus", Rheinstr. 78, später Am Hochofen) stattfinden. In Köln wird im Herbst des Jahres ein Delegiertentag der Schützen des Rheinlands und Westfalens abgehalten: Heerdt wird dort durch die Herren Jung – inzwischen erster Vorsitzender – und Barth vertreten sein. Ein wichtiges Datum ist sicherlich der 21.9.1929, weil der Vorstand beschließt, an den Oberbürgermeister der Stadt Düsseldorf wegen der Anmietung eines Grundstücks an der Pariserstraße als Schützenplatz heranzutreten. Dieses Thema wird die Schützen noch viele Jahre beschäftigen. In einer Aussprache mit den hiesigen Martinszug-Vertretern wird festgehalten, dass sich die Schützen am Martinszug beteiligen werden. Unter dem 26.11.1929 findet sich im ersten Protokollbuch ein Bericht über den „Jung-König-Krönungsball", der in der Wirtschaft Daniels stattgefunden hat und der wohl zu aller Zufriedenheit abgelaufen ist. Stolz wird gemeldet, dass zehn Kompanien teilgenommen haben und dass dies das erste Fest dieser Art gewesen sei. Im Januar 1930 beschließt der Vorstand die Feier des Titularfestes. Außerdem kann er den erfolgreichen Abschluss des Vertrages mit der Stadt Düsseldorf über die Anmietung des Schützenplatzes melden.

Trotz der durch den berühmten „Schwarzen Freitag" im Herbst 1929 einsetzenden Weltwirtschaftskrise wird man 1930 das Schützenfest feiern. Aber der Eintrittspreis zum Krönungsball und das Schussgeld müssen um 50% reduziert werden. Aus Sparsamkeitsgründen wird vorgeschlagen, dass der Oberst und sein Adjutant auf fünf Jahre gewählt werden sollen, um unnötige Ausgaben für die Uniformen zu vermeiden. Für den heutigen Leser, der das stetige Ansteigen der Zahl der Arbeitslosen bis in den Herbst/Winter 1932 hinein kennt, ist es erstaunlich, dass die Protokolle dieser Jahre den Anschein einer Stabilisierung widerspiegeln: Der positive Rückblick auf das

Schützenfest 1930, das Abhalten des Jungschützenkrönungsballs 1930, die Feier des Titularfestes 1931, der positive Grundsatzbeschluss bezüglich der Abhaltung des Schützenfestes 1931, die Anschaffung einer Präsidentenkette, die Planung des Jungschützen-Königsschießens 1931, der Antrag auf Eintragung ins Vereinsregister beim Amtsgericht Düsseldorf und manches andere lassen keinen anderen Schluss zu.

Jedoch – es gibt auch andere Töne: Der Mitgliedsbeitrag soll differenziert werden nach denen, die Arbeit haben und nach denen, die Arbeit suchen. Das Schützenfest 1931 soll in einem bescheidenen Rahmen stattfinden; man stellt sogar noch am 1. August des Jahres 1931 infrage, ob es überhaupt stattfinden wird. Kurz vor Weihnachten überlegt man, ob es Weihnachtspakete für die Arbeitslosen geben soll. Der Vorstand hatte inzwischen mit der Stadt Düsseldorf über die Ermäßigung der Miete für den Schützenplatz verhandelt. Nun steht fest, dass Düsseldorf mit einem klaren „Nein" geantwortet hat. Das veranlasst die Schützen zu der Überlegung, den Mietvertrag mit der Stadt zu kündigen: Alle diese Informationen deuten auf die sich rapide verschlechternde wirtschaftliche Lage hin, die zusammen mit anderen gravierenden Ursachen Deutschland in die tiefste ökonomische und politische Krise des 20. Jahrhunderts führte.

Im Jahre 1931 und 1932 wird von den Schützen die Teilnahme an der Fronleichnamsprozession und an der Primizfeier – letztere am 6.8.1932 wahrscheinlich in der Heerdter Pfarrkirche – beschlossen. Im Zusammenhang mit dem Bestreben, den Schützenverein ins Vereinsregister eintragen zu lassen, wird die Überprüfung der Statuten beschlossen. Ein vorläufiges Satzungsheft soll zusammengestellt werden, das als Beschlussgrundlage dienen soll. Am 16.7.1932 gibt es in der Wirtschaft von Louise Daniels eine heiße Debatte über die Frage, ob in diesem Jahr das Schützenfest stattfinden soll. Es geht dabei wohl so hoch her, dass zwei Vorstandsmitglieder vorzeitig die Versammlung verlassen. Knapp zwei Wochen später fasst man einen positiven Beschluss: Drei Tage soll in Sälen gefeiert werden. Wiederum eine Woche später wird die Frage diskutiert, ob das Schützenfest in Sälen oder im „Heerdter Loch" stattfinden soll. Die Mehrheit entscheidet sich für die zweite Alternative. Die Wirklichkeit jedoch sieht anders aus: Das Fest wird letztlich in Heerdter Sälen gefeiert. Der oben genannte Grundsatzbeschluss wird knapp zwei Wochen später noch einmal bestätigt. Die Sitzung vom 11.9.1932 legt fest, dass das „Schießfest" bei Hojan („Zu den drei Füchsen") abgehalten werden soll. Schließlich finden das „Schießfest" und der Schützenball am 25.9.1932 in der Gaststätte „Zu den drei Füchsen" statt – etwa mit vierwöchiger Verspätung bezogen auf den sonst üblichen Termin. Ob diese „schwierige Geburt" noch

"Nachwehen" hatte? Auf jeden Fall steht fest, dass auf der GV vom 8.10.1932 in der „Schönen Aussicht" der Antrag auf Neuwahl des Vorstands gestellt wurde. Da dieser Tagesordnungspunkt nicht vorgesehen war, wird um 21.50 Uhr der Schluss der Versammlung verkündet. Um 22.05 Uhr wird eine neue GV eröffnet, auf der dann eine Vorstandswahl stattfindet. Zur Rechtmäßigkeit eines solchen Verfahrens hat der Verfasser weiter oben schon eine Bemerkung gemacht. Peter Jung (geb. 1871) wird als erster Vorsitzender wieder gewählt. Auch der zweite Vorsitzende und die beiden Kassierer werden gewählt, während die Wahl der beiden Schriftführer auf die nächste GV verschoben wird. Für die Heerdter Schützen klingt die Weimarer Republik – ohne dass sie sich bereits damals dieses Endes bewusst waren – am 8.10.1932 mit einem positiven Signal aus: Die Miete des Schützenplatzes im „Heerdter Loch"[15] wird auf 100 Reichsmark vermindert. Wie hoch die ursprüngliche Miete war, geht aus den Protokollen nicht hervor.

III. Der Schützenverein im Dritten Reich[16]

Im ersten Halbjahr des Jahres 1933 deuten mehrere Protokollnotizen darauf hin, dass der Verein Wert auf Disziplin und öffentliche Anerkennung legt: So werden z.B. Sanktionen für Schützen, die im Zug nicht mitziehen, angedacht. Außerdem ergehen Appelle an eine verstärkte Teilnahme bei Beerdigungen von Schützenkameraden und auch an die Heerdter Bevölkerung, das Schützenwesen zu unterstützen (13.5.1933). Ein halbes Jahr nach Hitlers Machtübernahme beendet der erste Vorsitzende die GV mit einem „dreifachen Hoch auf den Schützenverein, das Deutsche Reich und seine Führung". Man beachte, dass noch sehr vage von dem Abstraktum „Führung" gesprochen wird und noch nicht von der konkreten Person des „Führers". Im übrigen fehlen bis dahin in den Protokollen „Hoch"-Rufe dieser oder ähnlicher Art. Ein deutlicheres Signal ist in dieser Zeit wohl die Umbenennung der vorher von Fräulein Daniels – inzwischen von ihrem Schwiegersohn Johann Wilhelm Vambrie – geführten und von den Schützen geschätzten Wirtschaft in der Krefelderstraße 3 in „Zur Hitler-Eiche" (30.10.1933). Die GV vom 26.11.1933 spiegelt die sich allmählich durchsetzende Ideologie der neuen Machthaber an verschiedenen Stellen wider: Es wurde inzwischen vom Verein eine Hakenkreuzfahne angeschafft, aber der Kassenprüfer Lensing kritisierte die dafür aufgewendeten 18 Mark als zu hoch. „Kamerad Schäfer" wird nicht zum ersten Vorsitzenden, sondern zum „Führer" gewählt. Dr. Mundschenk beantragt, bei allen Vereinsversammlungen Sammlungen für das Winterhilfswerk (WHW) vorzunehmen; 20 Mark sollen direkt vom Verein gespendet werden. Ein weiterer Antrag beschäftigt sich noch einmal mit der schon vor Beginn des Dritten Reiches diskutierten Errichtung eines Denkmals für die

Gefallenen des Ersten Weltkrieges. Nicht näher erläutert wird die Information, dass es am 3.12.1933 einen „Propagandafackelzug" mit Transparenten geben soll.

Am 28.1.1934 fand das Titularfest statt. Beim feierlichen Hochamt wurde von Pfarrer Hamacher die Fahne der Marine-Kompanie geweiht. Dann zog das Regiment zum Friedhof, wo Kaplan Brotesser der Gefallenen gedachte. Danach erfolgte die Versammlung der Kompanien in der „Hitler-Eiche". Anwesend waren auch der Protektor Nikolaus Knopp, der „Gebietsführer" Albert Kanehl [17] und der „Zellenwart" Fritz Scheuer. Kanehl teilte der Versammlung mit, dass der von den Schützen vorgeschlagene Kamerad Schäfer als „Führer" bestätigt worden sei – ein deutliches Zeichen für die Ablösung des demokratischen Prinzips (Wahl) durch das so genannte Führerprinzip (Ernennung). Dann stellte Schäfer die „Mitarbeiter" seines „Führerrings" vor und teilte mit, welche Schützen in den „Führerrat" berufen wurden – auch dies als Beleg für die allmähliche Durchsetzung des „Führerprinzips"[18]. Anschließend nahm der Protektor die Fahnenweihe der Marine-Kompanie vor, so dass man von einer geistlichen und einer weltlichen Weihe sprechen kann. „Zellenwart" Scheuer heftete den Hakenkreuzwimpel an die neue Fahne. Benedikt Bahners bat um eine Sammlung für das WHW; das spontan gespendete Geld wurde umgehend dem „Zellenwart" zur Weiterleitung übergeben.

Auf der Sitzung des „Führerringes" und des „Führerrates" – d.h. (nach der Satzung vom 30.03.1934) des engeren bzw. des großen Vorstands – in der „Schönen Aussicht" vom 14.3.1934 beschließt man für den 3.6.1934 die Weihe der neuen Regimentsfahne. Kamerad Leusch wird mit der Überarbeitung der Vereinsatzung und der Vorlage eines neuen Entwurfs für die nächste Sitzung beauftragt. Es liegt nahe anzunehmen, dass die Satzung im Geist des Nationalsozialismus zu revidieren war. Aber „Geist" und „Buchstabe" eines Textes müssen nicht übereinstimmen: Die selbstverständliche Teilnahme des Heerdter Schützenvereins an der Fronleichnamsprozession des Jahres 1934 zeigt, dass der Verein nicht gewillt war, seine christlichen Wurzeln zugunsten der atheistischen Ideologie des Nationalsozialismus zu verleugnen und vorschnell Traditionen aufzugeben, die Teil seiner ideellen Substanz sind, auch wenn sie in der neuen Satzung überhaupt keine Erwähnung mehr finden, sieht man einmal von der Beibehaltung des „St. Sebastianus" im Vereinsnamen ab. Nur am Rande sei erwähnt, dass in den Satzungen von 1921 und von 1934 die Bestimmung enthalten ist, dass das Schützenfest am Sonntag nach dem 15. August stattfindet, d.h. nach Maria Himmelfahrt. Der namentliche Hinweis auf dieses christliche Fest findet sich auch noch in der Satzung von 1934. Am Schluss der GV vom

13.5.1934 ermahnt der „Führer" Schäfer die Schützen zur „Einigkeit" und „nennt unseren Führer [d.h. Adolf Hitler] als Beispiel". Zur Jahresmitte hält der Vorstand einen Rückblick auf die wohl am 3.6.1934 stattgefundene Weihe der Regimentsfahne und begrüßt eine neue Schützenkompanie vom Handweiser. Wie üblich trifft man Vorbereitungen für das Schützenfest. Dazu gehört auch der von der GV angenommene Antrag zweier Kompanien, den Schützenzug erstmals auch durch die Clarissenstraße ziehen zu lassen. Die Bemerkung des Protokollanten der VS vom 13.7.1934 soll nicht unerwähnt bleiben, dass sich der Vorstand unmittelbar vor der Sitzung Hitlers Rede [im Radio] angehört habe [19]. Inzwischen sind auch die neuen Vereinsstatuten genehmigt worden, so dass sie in Druck gehen können. Der Tod des Reichspräsidenten von Hindenburg am 2.8.1934 verunsichert den Heerdter Vorstand am 8.8.1934, der wie andere Vereine in Düsseldorf plötzlich vor der Frage steht, ob wegen der Landestrauer Schützenfeste abgehalten werden können. Im Ergebnis steht aber fest, dass die Heerdter ihren geplanten Termin wahrnehmen und auch ihr Schützenprogramm durchführen können.

Am Titularfest des Jahres 1935, das mit einem feierlichen Hochamt und der Totengedenkfeier auf dem Friedhof eröffnet wird und als Schützenversammlung bei Hojan seine Fortsetzung findet, werden die neuen Vereinsstatuten verteilt. Für den 24. März ist ein „Winterhilfsschießen" geplant; pro Kopf sollen dabei 50 Pfennig gezahlt werden. Dieses Fest findet zwar nicht statt, aber der kalkulierte Beitrag wird dennoch gespendet. Vom Vereinschef werden wegen des Rücktritts des 1. Kassierers für diesen Posten Karl Lensing, zum 2. Kassierer Johann Junker und zum 2. Platzmeister Franz Schnitzler ernannt. Wichtig ist dem Vorstand die Beteiligung der Heerdter Schützen bei der Fahnenweihe der Hohenzollernkompanie des Großen Vereins, zu der es traditionsgemäß eine gute Verbindung gab. Außerdem stehen verschiedene Fahnenweihen von Heerdter Kompanien an. Dazu gehören u.a. die Scheibenschützen. Die auf der GV vom 1.6.1935 gestellte Frage, ob ein Schützenfest stattfinden soll, wird wie selbstverständlich mit „ja" beantwortet. Darauf hält der Vorstand bei Küppers eine Sitzung mit den Heerdter Wirten Vambrie, Hojan, Ding, Küppers, Kersberg und Holthausen ab, um sie zur Zusammenarbeit zu ermuntern. Zugleich wird bekannt gegeben, dass der erste Chef Schäfer aus gesundheitlichen Gründen seinen Posten zur Verfügung stellt. Daher setzt der Vorstand am 26.6.1935 Hans Leusch als Chef ein. Als letzte protokollierte Vorbereitung für das Schützenfest wird die Prämierung der Fackeln des Fackelzuges beschlossen; auch die Höhe der Preise wird festgesetzt. In einem Kurzbericht über das Schützenfest wird eine positive Rückschau gehalten: Julius Klapdor ist neuer König; und bei der

Jugend hat Heinrich Scholzen diese Würde erlangt. Besonders wird der große Festzug an den Schützentagen herausgestellt, u.a. wegen der neuen Schützenkompanie Heerdt-Handweiser (*Scheibenschützen*). Beim Schützenfest gab es auch eine Kinderbelustigung und die Vergabe von zwei Stadtorden an verdiente Schützen. Die zahlreichen Ehrengäste werden namentlich und mit ihrer jeweiligen Funktion aufgelistet. Das Jahr 1935 klingt aus mit dem Königsball in den „Drei Füchsen" am 29.9.1935 und der Überreichung der neuen Amtskette an Chef Leusch auf der GV vom 27.10.1935.

Das Hochamt aus Anlass des Titularfestes am 26.1.1936 wurde vom „ganzen Regiment besucht". Auf der sich daran anschließenden Versammlung wurde für Fastnachtssonntag ein Preismaskenball angekündigt. Anfang März beschließt man, ein „Kaffeekränzchen der Vereinsdamen" bei Kersberg in der „Villa Rheineck" abzuhalten. Dieses scheint eine erfolgreiche Veranstaltung geworden zu sein, verzeichnet das Protokoll doch eine Teilnehmerzahl von rund 190 Personen. Am 31.3.1936 wird über die Erhebung eines „Beitrittsgeldes" diskutiert. Beim laufenden Mitgliedsbeitrag soll es Sonderregelungen für Kriegsbeschädigte, Soldaten und Arbeitsdienstleistende geben. Es sei in diesem Zusammenhang daran erinnert, dass Hitler völkerrechtswidrig die allgemeine Wehrpflicht einführte und deutsche Soldaten in das aufgrund des Versailler Vertrages von deutschem Militär frei zu haltende linke Rheinland einmarschieren ließ. Außerdem war das Deutsche Reich aus dem in Genf ansässigen Völkerbund ausgetreten. Zur gleichen Zeit taucht in den Protokollen mehrfach der Begriff „Vereinsführer" anstatt „Chef" auf. Neu ist auch die Wahl eines „Ältestenrates" (24.5.1936), ohne dass dessen Funktion erläutert wird. Von diesem Zeitpunkt an wird aus dem „Hoch" auf die „Führung" am Schluss der Versammlung ein dreifaches „Sieg Heil" „auf den Führer" (24.5.1936), „auf unseren Führer und Reichskanzler Adolf Hitler" (3.7.1936) und „auf unseren Führer Adolf Hitler" (1.8.1936). In den folgenden Protokollen jedoch fehlt jegliche Form eines „Hoch"- oder „Heil"-Rufes am Ende der entsprechenden Versammlung.

Aus möglicherweise vorgeschobenen Gründen tritt auf der GV vom 10.10.1936 in Anwesenheit des „Zellenleiters der NSDAP und dessen Mitarbeiter" der erste Chef von seinem Amt zurück. Dies bewirkt die kommissarische Übernahme des Vereinsvorsitzes durch den „Zellenleiter", der damit den Rest der noch vorhandenen demokratischen Vereinsstrukturen zerschlägt. Dies zeigt sich auch in der Feststellung des neuen „Führers" Fritz Strang, dass er sogleich den bisherigen Vorstand als aufgehoben erklärt. Er werde nur für eine Übergangszeit die Vereinsgeschäfte führen, bis ein neuer „Vereinsführer" „aus den

Reihen der Mitglieder gewählt werde". Für diesen Zeitraum ernennt er einen neuen „Führerrat". Damit vollzieht sich auch im Heerdter Schützenverein das, was typisch ist für die Macht- und Herrschaftskennzeichen des Nationalsozialismus: die so genannte Gleichschaltung[20]. Vierzehn Tage später findet eine Erweiterte VS statt: „Kamerad Müller stellte die Frage, warum der ehemalige Vereinsführer Hans Leusch abgedankt hat und ein neuer kommissarischer Führer eingesetzt worden ist. Es sei laut unseren Vereins-Satzungen doch nur möglich, den neuen Vereinsführer aus den Reihen der Mitglieder vom gesamten Verein zu wählen. Auf diese Frage antwortete Kamerad Strang, dass er vom Ortsgruppenleiter Pg. [Parteigenosse] Schecher[21] persönlich eingesetzt worden ist, damit unbedingte Gewähr besteht, den größten Verein unseres Stadtteils für die Ziele, die unser Führer im neuen Deutschland verlangt, auch restlos zur Ausführung gelangen [sic!]. Besonders aber, dass der Verein und die Partei zusammen wirken können zum Wohle aller Volksgenossen. Kamerad Müller erwiderte hierauf, dass er dieses zur Kenntnis nehme." Die Schützenvereine werden in den Dienst der nationalsozialistischen Ideologie genommen. Dazu führt Strang aus: „Als erstes gilt es, das neue Schützenleben nach Wunsch des Reichssportführers in unserem Verein wach zu rufen, so dass wir auch als wirkliche Schützen-Kameraden im neuen Deutschland unseren Mann für unseren Führer und [unser] Vaterland stellen können." Er wirbt dann für das WHW und zieht auch sogleich schon einen Finanzierungsvorschlag aus dem Hut. Da dieser wohl zu kompliziert und zu umständlich erscheint, beantragt ein Schütze, dass es keine Einzelsammelaktion der Kompanien – wie von Strang vorgeschlagen – geben, sondern dass direkt aus der Vereinskasse pro Mitglied 1 RM entnommen werden soll, „so dass ein Gesamtbetrag von rund 200 RM dem WHW abgeführt werden kann." Jeder Leser wird jetzt wohl davon ausgehen, dass der von der Partei eingesetzte neue Vereinschef mit großer Freude diesen – möglicherweise vorweg abgesprochenen – Vorschlag aufgreift. Aber weit gefehlt! „Kamerad Strang lehnte dieses aber ab mit der Begründung, dass es nicht im Sinne unseres Führers sei, einen solchen Betrag einfach aus der Vereinskasse zu nehmen, weil dieses schon kein Opfer sei und auch dieses nicht dem Wunsche des Führers entspreche. Alle anderen Kameraden schlossen sich der Meinung des Vereinsführers an. Als Auftakt zum WHW wurden an diesem Abend 10 Arbeitsbeschaffungslose im Auftrage des deutschen Schützenverbandes restlos verkauft."

Schließlich kommt man auf das Titularfest des Jahres 1937 zu sprechen. „Kamerad Kluth gab hierauf einen Überblick über die bisherige Art und Weise der abgehaltenen Titularfeste." Es sieht so aus, als ob hier für den neuen Chef ein Informationsbedarf besteht, was darauf schließen lässt, dass er noch nicht lange Mitglied des Vereins (vielleicht erst seit der GV vom 10.10.1936) oder gar ein Ortsfremder ist. „Hierauf nahm Kamerad Strang Stellung und erklärte, dass er sich das kommende Titularfest in folgender Form ausgedacht habe: An diesem Tage soll besonders der gefallenen und verstorbenen Kameraden gedacht und wie üblich eine Messe gelesen werden. Da es aber nicht angängig ist, bedingt durch Mitglieder verschiedener Konfessionen, einen geschlossenen An- und Abmarsch zur Kirche durchzuführen, so müsse er dieses auch in Zukunft ablehnen. Ort und Antrittszeit für die Totenehrung auf dem Friedhof werde noch besonders bekannt gegeben. Es ist aber jedem Schützen freigestellt, die Messe in Uniform zu besuchen. Kamerad Kuhrmann sen. wünschte hierzu auch die Regelung über den Verbleib der Fahnen während des Kirchganges, ob die Fahnen von den zur Kirche gehenden Kameraden mitgenommen werden dürfen oder nicht. Vereinsführer Kamerad Strang erwiderte hierauf, dass es nicht angebracht sei, wenn weltliche Vereine ihre Fahnen mit zur Kirche nehmen und wir als Sportverein doch keine Ausnahme machen sollten. Er stelle es aber jeder Kompanie auch frei, ihre Fahne mitzunehmen[22]. Außerdem wurde hierzu noch erwähnt, dass es wohl nicht schön aussehe, wenn die Schützen in der Kirche zerstreut umherstehen. Nach Aussage eines Kameraden sei früher immer Rücksprache mit dem Pfarrer wegen Freihaltung des Mittelschiffes gehalten worden. Wenn es der Wunsch der Kameraden sei, will Kamerad Strang sich diesbezüglich mit dem Pfarrer verständigen." Dies ist ganz eindeutig der erste Versuch der Trennung von den christlichen Wurzeln und Traditionen des rheinischen Schützenwesens. Die Teilnahme an der heiligen Messe wird nicht verboten [23], aber sie ist nicht mehr integrierter Bestandteil des Titularfestes, in dessen Mittelpunkt jetzt die Gedenkveranstaltung („Totenehrung") auf dem Friedhof steht. Weltliche und geistliche Feier werden, wie die Regelung der Fahnenfrage zeigt, strikt getrennt. Der St.-Sebastianus-Schützenverein wird in einen rein weltlichen Verein umfunktioniert und steht damit, wie Strang deutlich sagt, auf der Ebene eines religiös ungebundenen Sportvereins. Da dies aber, wie die grundlegende und in Anmerkung 2 zitierte Dissertation von Plett gezeigt hat, nur gegen den nicht leicht zu brechenden Widerstand der Vereinsmitglieder durchzusetzen war, gibt es in der Anfangszeit des Dritten Reiches noch Kompromisse, die nicht als unklares Manövrieren oder als Halbherzigkeit der Nationalsozialisten auszulegen sind, sondern als – aus ihrer Sicht – taktisch kluges Vorgehen. Den Karnevalsvereinen ist es ähnlich ergangen. Daher erklärt sich Strangs scheinbar großzügige Geste, die Teilnahme am Gottesdienst und das Mitführen der Fahnen freizustellen. Ob und wie 1937 das Titularfest gefeiert wurde, geht aus dem Protokoll vom 31.1.1937 leider nicht hervor.

Es wird Erstaunen hervorrufen, wenn man im nächsten Protokoll das verwirklicht findet, was Strang am 10.10.1936 angekündigt hatte: die Wahl eines neuen Vorsitzenden durch die Heerdter Schützen, anscheinend ohne weitere Bevormundung durch Partei und Staat. Am 31.1.1937 wird auf einer GV der „Kamerad Michael Bahners vorgeschlagen und auch einstimmig zum neuen Vereinsführer gewählt." Damit hatte der Verein in ideologisch vorbelasteter Zeit einen Mann aus seinen eigenen Reihen an der Spitze, der als erster Schriftführer schon seit Jahren dem Vorstand angehörte und als Mitglied einer Familie, die seit Generationen ortsansässig und mit dem gesamten Heerdter Vereinsleben vertraut war, das Schützenwesen gut kannte, hatte er doch bereits 1922 das Tambour-Corps mitbegründet. Die Amtsübernahme geschah in Gegenwart des „Ortsgruppenleiters" Julius Schecher, der mit markigen Worten daran erinnerte, dass der Heerdter Schützenverein „Mitglied des Deutschen Schützenverbandes im Deutschen Reichsbund für Leibesübungen" sei. Unter Berücksichtigung einer langen Tradition gab er ihm den Namen „Heerdter Schützen von 1537"[24], damit so die eigentliche Aufgabe des Vereins, nämlich „eine Kameradschaft zur Pflege des Schießsports" zu sein, klarer hervortreten konnte. Das kommende Schützenfest „soll ein wahres Volksfest werden. Es muss aber auch eine strenge Disziplin unter den Schützen herrschen, wie es der Führer und Reichskanzler von allen Volksgenossen verlangt. Und nach dem Führerprinzip müssen auch wir handeln; nur der Vereinsführer ist verantwortlich und nicht der Führerrat oder der Führerring." Aber die kurze Erwiderung des neuen Chefs lässt kaum den Schluss zu, dass die Heerdter Schützen gewillt waren, sich in dieser Weise vereinnahmen zu lassen. Wenn er dabei von den einzelnen „Kompanieführern" (Hauptleute) „weitest gehende Unterstützung zu allen Vereinsangelegenheiten" verlangt, dann ist dies eine Selbstverständlichkeit, die typisch ist für solche Vereinsstrukturen und die nicht primär vom „Geist der Zeit" diktiert worden ist.

Noch einmal zurück zum neuen Vereinsnamen: Die bereits auf der Sitzung vom 24.10.1936 manifest gewordene Tendenz der Staatspartei zur Entkirchlichung des Vereinslebens wird hier offiziell: Der Hinweis auf den heiligen Sebastian fehlt im neuen Namen. Die andere Tendenz, den Schützenverein einseitig zu einem Sportverein zu machen, um ihn so von oben besser lenken, indoktrinieren, kontrollieren und für die eigenen politischen Ziele instrumentalisieren zu können, wird noch einmal vom Parteivertreter herausgestellt. Dies wird letztlich auch am Schluss der Versammlung deutlich, als „Kamerad Strang [d.h. der bisherige kommissarische „Vereinsführer"] den Verpflichtungsschein erklärte, der nur den Zweck erfüllen soll, dass jedes Mitglied sich als Einzelmitglied anmelden und auch verpflichten soll, ein treuer und pflichteifriger Schütze zu sein und alle Anforderungen des Vereinsführers" zu befolgen.

In seiner oben zitierten Ansprache vom 31.1.1937 macht „Ortsgruppenleiter" Schecher noch eine Anspielung auf das in „diesem Jahre" zu feiernde „400jährige Gründungsfest". Auch im neuen Vereinsnamen taucht, wie der Leser weiter oben hoffentlich bemerkt hat, das angebliche Gründungsjahr 1537 auf. Wie wir alle seit langem wissen, liegt hier ein einfacher Lesefehler vor, denn in dem von Pastor Alberti angelegten Bruderschaftsbuch steht ganz eindeutig „1573"[25]. Wann und wodurch dieser „Dreher" entstanden ist, wird wohl nie mehr festzustellen sein. Der Verfasser fand als frühesten Beleg für „1537" die oben zitierte Broschüre der „Fidelen" von 1928 (dort auf S. 21). Erinnert sei daran, dass man das 50- und das 60-jährige Bestehen – wobei die Bezugsgröße das Jahr 1864 war – 1914 bzw. 1925 (für das Jahr 1924) feierte; aber für 1934 fehlt in den Protokollen jeglicher Hinweis auf eine geplante oder durchgeführte 70-Jahr-Feier. Vielleicht hatte sich inzwischen ein stillschweigender Bewusstseinswandel vollzogen, der das Neugründungsjahr 1864 in Vergessenheit geraten ließ, weil man sich inzwischen – soweit es die Quellen zulassen – auf die eigentliche Gründung im 16. Jahrhundert besann. Ob dies mehr dem nationalsozialistischen Geschichtsbild entsprach, das ja am liebsten bei den alten Germanen ansetzte, muss verneint werden. Der eigentliche Lesefehler – nämlich von 1537 anstatt von 1573 auszugehen – ist, wie oben nachgewiesen, erheblich älter. Für die historische Bewertung aber ist entscheidend, dass mindestens seit 1928 die Abkehr von „1864" und die Hinwendung zur vermeintlichen Gründung im Jahre 1537 belegt sind. Natürlich wurde 1973 – so viel sei an dieser Stelle schon gesagt – das historisch als richtig zu geltende Gründungsjahr 1573 gefeiert.

Wie eingangs dargelegt, hören mit dem Protokoll vom 31.1.1937 die Niederschriften bis zur unmittelbaren Nachkriegszeit auf. Wir erfahren also leider nichts vom Jubiläumsschützenfest – das, wie Fotos zeigen, intensiv gefeiert wurde - und davon, dass der neue Schützenkönig Severin Hüren heißt. Wir wissen auch nur aus anderen Quellen – z.B. aus mehreren Originalzeitungsberichten, die dem Verfasser vorliegen -, dass es auch noch 1938 und 1939 Heerdter Schützenfeste gab. Der letzte Schützenkönig vor dem Krieg war Emil Kippes, der Michael Bahners ablöste, der 1938 – gerade eineinhalb Jahre im Amt des Chefs – den Vogel abschoss. Das hat es in der neueren Vereinsgeschichte wohl nur zweimal gegeben, dass der amtierende Chef Schützenkönig wird. Bei Michael Bahners war es ziemlich zu Beginn seiner „Amtszeit", bei Simon Mellmer – 1. Chef von 1980 bis 2007 – zum Schluss: Er ließ sich auf dem Schützenfest des Jahres 2006 zum Schützenkönig krönen.

In seiner weltweit beachteten Rede zum 40. Jahrestag der Beendigung des Zweiten Weltkrieges hat Bundespräsident Richard von Weizsäcker am 8. Mai 1985 Maßstäbe für die Haltung von uns Deutschen zum Nationalsozialismus gesetzt. Er hat dabei sehr überzeugend von der Notwendigkeit der Annahme der Vergangenheit und der Pflicht zur Erinnerung gesprochen.[26] Auch wenn die meisten der heute Lebenden unschuldig seien, so seien sie doch von den Folgen der Vergangenheit betroffen. „Sie sind verantwortlich für das, was in der Geschichte daraus wird." Aber sie können nicht eine eigene Schuld bekennen für Taten, die sie gar nicht begangen haben: Denn „Schuld ist, wie Unschuld, nicht kollektiv, sondern persönlich." Für den Verfasser dieses Aufsatzes gibt es aufgrund der Schützenprotokolle überhaupt keinen Anlass, im Zusammenhang mit den Heerdter Schützen von „Schuld" zu sprechen, unabhängig davon, ob man moralische, politische, juristische oder metaphysische Schuld[27] meint.

Weizsäcker fordert am Schluss seiner Rede besonders die junge Generation dazu auf, „sich auf die geschichtliche Wahrheit nüchtern und ohne Einseitigkeit einzulassen." Wer dies tue, lerne aus der eigenen Geschichte, „wozu der Mensch fähig ist. Deshalb dürfen wir uns nicht einbilden, wir seien nun als Menschen anders und besser geworden." Aus diesem Grund, so möchte der Verfasser dieses Aufsatzes ergänzen, verbieten sich dem Historiker jede angeblich moralische Überlegenheit und jedes vorschnelle und pauschale Verurteilen der damals Lebenden. Wer kann heute guten Gewissens und mit fester Überzeugung glaubwürdig sagen, wie er in einer bestimmten Situation gehandelt hätte? Genau so wenig kann der Verfasser heute von sich behaupten, er wäre als beamteter Studienrat – und vielleicht bereits als Familienvater – mutig in der Fronleichnamsprozession des Jahres 1937 mitgezogen.[28] Welcher Schüler kann heute sagen, dass er seinen Lehrer wegen des Erzählens von regimefeindlichen Witzen nicht denunziert hätte? Der Zufall der späten Geburt verbietet jegliche Arroganz. Weizsäcker fährt fort: „Wir haben als Menschen gelernt, wir bleiben als Menschen gefährdet. Aber wir haben die Kraft, Gefährdungen immer von neuem zu überwinden." Daher gilt nach wie vor seine Aufforderung, dass wir „unseren inneren Maßstäben der Gerechtigkeit zu dienen haben". Der Bundespräsident schließt die wohl bedeutendste Rede seiner zehnjährigen Amtszeit in der Form eines Appells mit einem Gedanken, mit dem er seine Rede eingeleitet hatte: „Schauen wir am heutigen 8. Mai so gut wir es können, der Wahrheit ins Auge!"[29]

Wenn dies der Maßstab der Beurteilung sein soll, dann kann man wohl – bezogen auf den Heerdter Schützenverein und gestützt auf die

Protokolle der fraglichen Jahre – von einem vorsichtigen Lavieren zwischen erzwungener Anpassung und eigenständigem Widerstand zur Aufrechterhaltung des Schützenwesens und zur Wahrung einer größtmöglichen Distanz zu Partei und Staat sprechen, deren Organe durch „Verführung und Gewalt"[30] die Zeitgenossen „total" erfassen sollten. Nach dem kurzen „Strang-Intermezzo" scheinen mit der Wahl eines Mannes aus einer alten Heerdter Schützenfamilie zum ersten Vorsitzenden und der Berufung eines neuen Vorstands die Voraussetzungen für ein verantwortbares Überleben des Vereins in einer unseligen Zeit geschaffen worden zu sein. Die Übernahme der hier ausführlich belegten Begrifflichkeit der Nationalsozialisten („Führer") und ihrer Herrschaftszeichen (Hakenkreuz, Hitlergruß) darf niemanden zu dem voreiligen Schluss veranlassen, dass damit quasi automatisch auch der nationalsozialistische „Ungeist" Einzug in die Köpfe der Menschen gehalten habe. Die Relation zwischen Sprache und Denken ist viel komplizierter. Es fällt nämlich bei der Lektüre der Protokolle der Jahre 1933-1937 auf, dass doch immer wieder und ohne bewusste Provokation von „Chef" und „Vorstand" – in der jeweiligen Protokollüberschrift heißt es grundsätzlich „Vorstandssitzung", nie „Sitzung des Führerrates" bzw. „...des Führerringes" - die Rede ist, d.h. von den angestammten und vertrauten Begriffen.[31] Und denen entsprechen auch die Inhalte, d.h. die Gegenstände der Beratungen und Beschlüsse, die weitestgehend von der Tradition und den jeweils aktuellen Sachproblemen des Schützenvereins bestimmt wurden, nicht von der herrschenden Ideologie.

## IV. Der Heerdter Schützenverein vom Ende des II. Weltkriegs bis heute

### 1.: Erste Amtszeit Michael Bahners

Im Protokollbuch findet sich als erster Eintrag nach dem Krieg eine im August 1946 verfasste Notiz von Gerhard Hojan, dem Wirt der „Drei Füchse": Der Krieg – so schreibt Hojan – sei vorbei. Er sei nicht befugt, über die zurückliegende Zeit bis heute zu berichten. Er will aber die alte Tradition aufgreifen und „der kommenden Generation wieder Anschluss geben." Als erste Gesellschaft des Heerdter Schützenvereins hatte sich die *Hermann-Löns-Kompanie* entschlossen, zur alten Kirmeszeit alle Schützenkameraden zu einem Ball einzuladen. Es wurde - so Hojan – „ein Fest schöner Kameradschaft". Am Kirmesmontag erfolgte ein Schützenfrühstück. Da für das Ausschießen des Kompaniekönigs keine Gewehre vorhanden waren, wurde mit dem Flitzebogen geschossen. Das sei der Auftakt nach schweren Jahren gewesen. „Da wurde der Wunsch laut aufzubauen und den Verein wieder aufstehen zu lassen." Hojan setzt sich mit dem – schon früher erwähnten – Ehrenvorsitzenden Peter Jung (geb. 1871) in Verbindung, der sofort zur

Stelle gewesen sei. Beide bitten August Punessen[32] von der Kompanie *Hohenzollern-Sigmaringen Düsseldorf* um Unterstützung gegenüber den städtischen und den britischen Behörden, um die Genehmigung zur Weiterführung [also nicht zur Neugründung!] des Vereins zu erreichen. Am 10. September 1946 reichte Peter Jung - über den Oberstadtdirektor - bei der britischen Militärregierung einen auf Deutsch und auf Englisch verfassten Antrag auf Zulassung der Wiederaufnahme der Vereinstätigkeit des Heerdter Schützenvereins ein. Darin heißt es u.a.: „Der Verein wurde im Jahre 1537 gegründet und hat sich zur Aufgabe gemacht, alle anständig gesinnten Bürger jedes Standes, gleich welcher Religion, aufzunehmen, um in einem auf gegenseitiger Achtung beruhenden Zusammenwirken aller Kräfte Bürger- und Gemeindesinn zu pflegen und zu fördern." Ferner wies er auf das jährliche „Schützen- und Volksfest" hin. Er kommt dann auf die Gleichschaltung des Vereins durch die Nationalsozialisten zu sprechen und stellt für die Zukunft in Aussicht, dass „auf einer Generalversammlung der Vorstand nach demokratischen Grundsätzen gewählt werden soll." Auf diese Weise können – so schließt sein Antrag - die alten Traditionen gepflegt werden und das Brauchtum wieder neu aufleben. Im Dezember 1946 notiert Hojan, dass der [Heerdter] St.-Sebastianus-Schützenverein am 5.12.1946 genehmigt wurde. Dafür bedankt sich Hojan bei Peter Jung und August Punessen.

In den Dokumenten des Heerdter Schützenvereins findet sich sodann ein undatierter Aufruf „An alle aktiven, ehemaligen und passiven Mitglieder des Vereins", der wie folgt überschrieben ist: „St. Sebastianus Schützenverein Düsseldorf-Heerdt 1435". Mit dieser Jahreszahl scheint der uns unbekannte Verfasser – der sich wahrscheinlich während des Krieges kaum mit Fragen des Schützenvereins beschäftigt haben dürfte – auf das Gründungsjahr des sog. „Großen" Düsseldorfer Schützenvereins zurückgegriffen zu haben, anstatt „1537" zu schreiben. Dass der Düsseldorfer Verein im Jahre 1954 sein Gründungsdatum anhand fragwürdiger Quellen von 1435 auf 1316 korrigierte (und auch noch im „Jubiläumsjahr" 2016 daran festhielt), ist eine andere Geschichte... Entscheidend für unseren Zusammenhang ist, dass im oben zitierten Aufruf zuerst die Wiederzulassung des Heerdter Schützenvereins mitgeteilt wird. Dann heißt es weiter: „Nach schwerer und in schwerer Zeit treten wir wieder auf die Bildfläche, um dort wieder anzuknüpfen, wo wir aufhören mussten. Viel wäre über die Zwischenzeit zu reden, doch lassen wir Vergangenes vergessen und finden wir uns wieder. (...) Wir wollen arbeiten, uns gegenseitig helfen, aber auch, wenn auch in bescheidenem Rahmen, wieder unsere schönen Feste feiern. Drum all' Ihr alten und jungen Kameraden, Ihr Mitbürger von Heerdt, zeigt, dass der Gemeinschaftsgeist in unserem schönen Heerdt nicht untergegangen ist und kommt wieder zu uns." Die Einstellung „Lassen wir Vergangenes vergessen!" – von Hermann Lübbe 1983 gar nicht kritisch, sondern positiv als „kommunikatives Beschweigen" bezeichnet - ist repräsentativ für die große Mehrheit der Deutschen nach dem Krieg: Aus dem großdeutschen ‚Traum' der Nazis wurde für die Menschen ein Trauma, das sie oft ein Leben lang nicht losließ.

Im Protokoll der Sitzung des Vorläufigen Erweiterten Vorstands vom 23.1.1947 wird Hojan ausdrücklich für sein erfolgreiches Bemühen um Wiederzulassung des Vereins gedankt. Auf der GV vom 9.2.1947 werden vor Eintritt in die Tagesordnung die Bestimmungen der britischen Militärregierung bezüglich der Verwendung bestimmter Begriffe („Gesellschaft" bzw. „Vereinigung" statt „Kompanie") und hinsichtlich des Verbotes, im Schützenzug Fahnen und Banner zu tragen, bekannt gegeben. Neben dieser uns heute eher lächerlich vorkommenden verbalen und symbolischen „Demilitarisierung" war die „Entnazifizierung"[33] ein weiteres Hauptziel der Alliierten (Protokoll vom 1.8.1948).

Ansonsten machte man sich daran, den Verein neu zu beleben: Am 9.2.1947 wurde der neue Vorstand unter der Leitung von Philipp Perzborn und Gerhard Hojan gewählt. Auf ein Titularfest musste man zuerst verzichten, weil die noch geringe Mitgliederzahl dies angebracht erscheinen ließ. Neue Satzungen mussten ausgearbeitet und um neue Mitglieder musste geworben werden. Der transportable Schießstand, der noch im „Heerdter Loch" lag, sollte zum Lagerplatz der Bauunternehmung Bahners gebracht werden, weil man sonst damit rechnen musste, „dass die schweren Balken verfaulen oder aber als Brennholz verwandt werden." Bereits auf der GV vom 23.11.1947 konnte die neue Satzung angenommen werden. Einen großen Raum nahm auf dieser Versammlung die Frage ein, wo man einen akzeptablen Kirmesplatz finden könne. Damit wurde die Frage nach der Anmietung und Aufstellung eines Schützenzeltes verbunden. Wegen der hohen Kosten beschloss man, das Schützenfest des Jahres 1948 „in den in Heerdt vorhandenen Sälen zu feiern." Im Anschluss an diese GV zog ein großer Teil der Schützen zum Friedhof, um an der Trauerfeier zum Totensonntag teilzunehmen.

Auf der von 75 Mitgliedern besuchten GV vom 1.8.1948 wurde auf Vorschlag von Philipp Perzborn der letzte Vorkriegschef, Michael Bahners, zum neuen ersten Vorsitzenden gewählt; Heinrich Blum wurde 2. Chef. Philipp Perzborn wurde zum „Oberzugleiter" gewählt; wahrscheinlich verzichtete man mit Rücksicht auf die Sprachregelung der Briten dabei auf den Titel „Oberst". Bezüglich des Mitgliedsbeitrags einigte man sich auf 3 DM – die Währungsreform vom 20.6.1948 hatte ja in den Westzonen dieses Geld eingeführt -, „doch soll dieser Beitrag nicht als Norm gelten und gegebenenfalls bei Besserung der Verhältnisse wieder erhöht werden." Nach den Vorstandswahlen war natürlich die Planung des ersten Nachkriegsschützenfestes der wichtigste Tagesordnungspunkt. Ein Fackelzug war noch nicht vorgesehen. Wegen des Verzichts auf ein Schützenzelt findet das Fest in den Sälen der „Schönen Aussicht" und der „Drei Füchse" statt; der Schießstand für das Schießen mit der Armbrust soll auf dem Hof von Küppers („Wetzelhof") aufgestellt werden. Zur Genehmigung des Schützenzuges muss wieder bei der britischen Militärregierung ein zweisprachiger Antrag eingereicht werden, der die folgenden vorformulierten Fragen enthält: a) Namen und Adressen der Personen, die den Umzug tatsächlich organisieren (...); b) Ort, Datum und Zeit des geplanten Umzugs und seine voraussichtliche Dauer; c) genaue Angabe des Weges (...); d) (...); e) Art und Weise, in welcher der Umzug ausgeführt werden soll; f) Wird die Mitführung einer Kapelle oder die von Fahnen gewünscht?; g) (...); h) der genaue Zweck des Umzugs; i) die ungefähre Anzahl der Personen, die an dem Umzug teilnehmen werden. Die Antragsteller Michael Bahners und Philipp Perzborn beantworten diese Fragen und reichen den Antrag ein, der im übrigen im folgenden Jahr noch einmal, wenn auch letztmalig, gestellt werden musste und der von den Briten am 6.8.1949 positiv beschieden wurde; das Originaldokument ist uns erhalten geblieben. Ob der Antrag der Heerdter in der vorliegenden Form genehmigt wurde oder ob im Detail Änderungen notwendig waren, ist nicht belegt. An diesem Beispiel kann man übrigens eine gewisse Kompetenzabstufung zwischen der britischen Militärregierung und der deutschen Stadtverwaltung erkennen: Das letzte Wort bezüglich der Schützenzüge behielt sich die Besatzungsmacht vor, waren doch die Erinnerungen an Umzüge, Aufmärsche und Paraden der Nazis noch frisch im Gedächtnis. Die Tatsache, dass sogar noch nach Inkrafttreten des Grundgesetzes für die Bundesrepublik Deutschland die Alliierten ihre Funktionen weiter ausübten, geht u.a. auf das Besatzungsstatut vom 12. Mai 1949 zurück.

Und die erste Nachkriegs-Kirmes im Jahre 1948? Sie wird auf dem Schulhof an der Pestalozzistraße aufgebaut. Wegen der zahlreichen Anträge und Korrespondenzen aus der Besatzungszeit sind wir bezüglich entsprechender Dokumente gut ausgestattet, so dass uns auch hier der an den Oberstadtdirektor gerichteten Antrag vorliegt, dem als Anlage eine Übersicht über die zwölf Schausteller – zumeist aus der näheren Umgebung - beigefügt war: Es gab also eine „Eisbude", eine „Verlosung", ein „Kasperle", ein „Ballwerfen", eine „Überschlagsschaukel", ein „Karussell", einen „Flieger", eine „Fahrt ins Blaue", noch ein „Kasperle", einen „Blinker", ein „Fadenziehen" und noch einen „Blinker" –

was auch immer sich dahinter verbergen mag; auf jeden Fall war es auch die erste Kirmes des damals fünfjährigen Verfassers – die erste seines Lebens! Was die Parade betrifft, so empfiehlt Gerhard Hojan, sich der Auffassung des Großen Düsseldorfer Vereins anzuschließen, keinen so genannten Parademarsch abzuhalten, was von der Versammlung „als richtig erachtet und genehmigt" wurde.

Der Bericht über das erste Nachkriegsschützenfest ist mit großer Begeisterung abgefasst worden. Er wird ergänzt von einem ins Protokollbuch eingeklebten Artikel[34] aus der Rheinischen Post vom 25.8.1948 – ein nahezu einmaliger Vorgang, dass sich in den vier Protokollbüchern ein Zusatz dieser Art befindet. Schützenkönig wurde Heinrich Offenhau; sein Enkel errang die Würde des Jungschützenkönigs. Da aber der Neuaufbau des Vereins trotz dieses großen Anfangserfolges noch nicht abgeschlossen ist, wird weiter geworben, um zur ehemaligen Größe und Bedeutung des Vereins zurückzukommen. Die noch nicht wieder aktiven Kompanien werden zur nächsten GV eingeladen. Der Jahresmitgliedsbeitrag wird auf 6 DM angehoben. Für Januar 1949 sind das Titularfest und ein Festball geplant; und das nächste Schützenfest soll wieder mit einem Fackelzug beginnen. Zuvor aber wird der Schützenverein an Fastnachtssonntag bei Hojan einen Preismaskenball veranstalten.

Das Jahr 1949 spiegelt bei allen Aktivitäten der Schützen eine große Aufbruchstimmung wider: Als neuer Protektor – denn Nikolaus Knopp war bereits 1942 verstorben – wird Direktor Albert Scheele vorgestellt. Ein Herrenabend wird anvisiert. Die Schützen beteiligen sich bei der Einweihung der Bunkerkirche, am Martinszug und bei der Totenehrung auf dem Friedhof. Während die erste Veranstaltung eine einmalige ist, werden die beiden anderen Aktivitäten zu einer Dauereinrichtung. Auf der anderen Seite gibt es neue bzw. ungelöste Probleme wie die Suche nach einem geeigneten Schützenplatz und einem passenden Zeltverleiher. Da natürlich noch kaum von einer wirtschaftlichen Erholung gesprochen werden kann, ist es wenig erstaunlich, wenn die Büdericher Schützen die Heerdter um das Ausleihen der Uniformen bitten. In der Jahresmitte 1949 hat der Verein bereits wieder 169 aktive Mitglieder, von denen 146 bei der GV vom 20.11.1949 anwesend sind. Im entsprechenden Protokoll heißt es u.a.: „Mit großer Begeisterung wurde der alte erste Vorsitzende Michael Bahners wiedergewählt." Ein genaues Ergebnis wird nicht genannt, da es sich anscheinend um eine offene Wahl – quasi eine Akklamation – zu handeln schien. Zum zweiten Vorsitzenden wählten die Schützen Franz Breiden. Als Schriftführer wählte man Alois Nettesheim und Jos. Kuhrmann jun., als Kassierer Jean Junker und Jakob Wahlen, als Beisitzer Peter Baasen und

Kamerad Bötsch, als Platzmeister Julius Klapdor und Willi Müller, als Schießmeister Willi Weyen, als Oberst Philipp Perzborn und als Adjutant Hans Eisenburger. Beim Schützenfest hat der Verein einen eigenen Platz mit einem Zelt und mit Fahrgeschäften. Der erste Fackelzug findet ebenfalls 1949 statt. Auch lässt man die alte Tradition, eine Parade abzuhalten, wieder aufleben. Am Handweiser findet – wie auch in späteren Jahren – ein Platzkonzert statt; und das Königsschießen wird letztmalig mit der Armbrust vorgenommen. Bei der Krönung im Zelt und beim Krönungsball kann der Vorstand viele prominente Gäste begrüßen. Die Heerdter Schützen feiern das 75jährige Bestehen der *Hohenzollern-Kompanie* mit; und im Herbst plant man für 1950 das Titularfest und einen Fastnachtsball. Alle diese Veranstaltungen und Aktivitäten sind nicht nur Ausdruck des Schützengeistes und der Lebensfreude, sondern stellen auch – psychologisch gesehen – eine gut nachvollziehbare Kompensation für all das dar, was man viele Jahre vermissen musste. Eine verlorene – oder besser: verloren geglaubte – Generation lebt auf.

Diese und ähnliche Aktivitäten setzen sich ab dem Jahr 1950 fort. Zur Mitte des Jahres können die neuen Statuten verabschiedet werden[35]. Ab 1950 findet im Rahmen des Schützenfestes regelmäßig bis zur Schließung des Jugendhauses an der Pariser Straße eine Bewirtung der Waisenkinder statt. Die Debatte über eine Sterbegeldversicherung des Schützenvereins – erstmals 1948 verzeichnet – zieht sich über viele Jahre hin: Das Problem der Sterbebeihilfe bzw. der Unterstützungskasse ist wohl nicht leicht zu lösen. Weitere Kompanien wie das *Tambourcorps Heerdt* und das *Tambourcorps „Rheintreue"* (Handweiser) bitten um Aufnahme in den Verein. Die Teilnahme an zwei Goldenen Hochzeiten und an der Fronleichnamsprozession stehen ebenso auf dem Programm wie das Herrichten des neuen Festplatzes am Heerdter Lohweg, das Überreichen der Amtskette und zwei Jahre später der goldenen Ehrennadel an den Protektor Albert Scheele und das Abhalten der GV bei 148 anwesenden Schützen (1950); am 17.11.1951 waren es sogar 268 (!). 1952 wurde Michael Bahners als Vorsitzender wieder gewählt; sein Stellvertreter wurde Willy Scharfschwerdt.

In der Erweiterten VS vom 4.9.1951 teilt der Chef mit, dass am 12.9.1951 anlässlich eines „Nationalfeiertages"[36] ein Fackelzug stattfinden werde, an dem sich alle Düsseldorfer Heimat-, Schützen-, Sport- und Gesangvereine beteiligen werden. Am Landtagsgebäude reihen sich die Abgeordneten in den Zug ein. Das Ganze soll mit einem großen Feuerwerk enden. Im Jahre 1952 und 1953 wird die Frage diskutiert und mit „ja" beantwortet, ob die Heerdter Schützen ein eingetragener Verein werden wollen. Hinsichtlich des Selbstverständnisses und der Ziele des Vereins hat der Verfasser bisher keine nennenswerten Äußerungen in den Protokollen bzw. Berichten gefunden. Erstmals deutet am 17.11.1951 die folgende Formulierung auf diese Thematik – von der wir in der jüngeren Vereinsgeschichte noch einiges erfahren werden – hin: „Kamerad Josef Kuhrmann jun. gab einzelne Erklärungen über die teils mehr, teils weniger religiöse Arbeit bzw. die weltliche Einstellung des Vereins." Man sollte diesen Satz – mehr ist in diesem Zusammenhang im Protokoll nicht zu finden – nicht als banal bzw. als Floskel abtun. Die Zukunft sollte zeigen, dass der Verein nicht mehr unreflektiert agieren kann, d.h. ohne sich selbst über seinen Sinn und sein Wesen Rechenschaft abzulegen.

In den 50er Jahren werden wegen des wirtschaftlichen Aufschwungs und des weiteren Abbaus der Arbeitslosigkeit die Möglichkeiten des Vereins, intensiver sozial-karitativ zu wirken, größer: Dies zeigt sich bei der finanziellen Unterstützung bedürftiger Mitglieder und bei der jährlichen Bewirtung der Waisenhauskinder bis weit in die 70er Jahre hinein: Letzteres wird allmählich ein eigener Programmpunkt im Rahmen des Schützenfestes. Einmal muss der Verein sogar über die Verwendung erhöhter Einnahmen nachdenken (31.5.1955), so dass die Frage nach der Gemeinnützigkeit des Vereins erörtert wird. Auf der anderen Seite tauchen doch immer wieder finanzielle Probleme auf, so dass über eine Dämpfung der Kosten z.B. durch einen verkürzten Fackelzug nachgedacht wird (16.7.1955). In demselben Jahr scheitert der Versuch einer Erhöhung des Mitgliedsbeitrags von 0,50 DM auf 0,75 DM p.m. Die Anerkennung durch die Anwesenheit des Oberbürgermeisters Josef Gockeln und des Landtagsabgeordneten Fritz Vomfelde beim Schützenfest 1954 und in den weiteren Jahren tut dem Verein sicherlich gut, muss er sich doch auf der anderen Seite mit Alltagsproblemen wie dem Aufenthalt von „Zigeunern" (1954,1985) auf dem Schützenplatz und vor allem mit den Folgen der Höherlegung der Pariser Straße für diesen Platz beschäftigen (von 1955 bis 1972). Ab 1953 scheint die jährliche Totenehrung auf dem Friedhof – ursprünglich oft im Rahmen des Titularfestes bzw. am Totensonntag begangen – bis heute regelmäßig am Volkstrauertag vorgenommen zu werden. Zur Beteiligung der Schützen am Hochamt gibt es fast jedes Jahr eine Protokollnotiz, die einmal mehr, einmal weniger positiv ausfällt.

2.: Amtszeit Willy Scharfschwerdt

Auf der GV vom 26.10.1956 bewerben sich Willy Scharfschwerdt und Klaus Dreps um den Chefposten. Die Abstimmung geht zugunsten von Scharfschwerdt aus. Michael Bahners, dessen 50. Geburtstag im folgenden Jahr in besonderer Weise gefeiert werden soll, wird zum Ehrenchef ernannt. Das damals beginnende so genannte

Wirtschaftswunder ermöglichte vielen Familien, in den Sommerferien zu verreisen, so dass es mehrfach zu einer Grundsatzdiskussion über die Verlegung des Schützenfestes wegen der ferienbedingten Abwesenheit vieler Schützen kam. Gelegentlich dringt auch die große Politik in den Schützenalltag ein: Am 20.11.1956 wird zu einer Blutspendeaktion aufgerufen, die angeblich nichts mit der „kritischen Situation" in Ungarn („Ungarnaufstand") zu tun habe. Ein Kuriosum fällt bei der Sitzung vom 2.7.1957 unter „Verschiedenes" auf: „Für unsere Majestät von 1939, Emil Kippes, muss noch nachträglich die Königsplakette für das Königssilber vom Verein besorgt werden, da der Verein damals das Geld hierfür einbehalten hatte." Es muss eben alles seine Ordnung haben! Wenn noch am 12.8.1957 und sogar noch am 31.10.1963 im Protokoll vom „Heldengedenktag" anstatt vom Volkstrauertag gesprochen wird, dann ist dies wohl kein Ausdruck einer z.T. gemäßigten, z.T. aber auch übersteigerten nationalen Gesinnung wie noch während der 20er bzw. 30er Jahre, sondern eher eine Nachlässigkeit, die wir Nachgeborenen nicht überinterpretieren sollten. [37] Durch diese späte zweimalige Verwendung des Wortes „Heldengedenktag" ist dem Verfasser erst im nachhinein aufgefallen, dass es in der Zeit, in der es üblicherweise gebraucht wurde, in den Schützenprotokollen nicht verwendet wird. Nachdem die ersten Soldaten der neu geschaffenen Bundeswehr ihre Kasernen bezogen haben, stellt sich die Frage nach einem reduzierten Mitgliedsbeitrag für Wehrpflichtige. Das *Heerdter Jugendorchester* bzw. *Pfarrorchester Heerdt* macht von sich reden; und Albert Scheele ist 1958 zehn Jahre Protektor und feiert 1959 seinen 60. Geburtstag.

Am 2.8.1958 und später noch einmal wird bekannt gegeben, dass das ganze Schützenfest von Profis gefilmt wird. Dass es mit dem Verein weiter aufwärts geht, zeigt auch die von Heinz Werner geplante und erfolgreich durchgeführte Gründung eines Pagencorps; hierzu finden sich immer wieder Bemerkungen in den Protokollen von 1959 bis 1984. Erstmals taucht wohl 1959 die Idee auf, den Kirmessamstag als „Heimatabend" zu gestalten. Das geschieht auch in dem genannten Jahr. Jedoch wird diese Idee später noch einmal aufgegriffen, aber man entscheidet sich dann für den Kirmesmontag. 1961 wird die „Schöne Aussicht" geschlossen, und damit fangen die Probleme mit der Abhaltung des Titularfestes an. Ob die Verlegung der Parade auf der Rheinallee, die immer vor der „Schönen Aussicht" stattfand, in Richtung „Villa Kunz" damit ursächlich zusammenhängt, weiß der Verfasser nicht. Immer wieder haben die Heerdter Schützen Gelegenheit, sich außerhalb ihres Stadtteils zu präsentieren und zu engagieren. So beteiligen sie sich an der „Jan-Wellem-Woche" (20.3.1958) und werden aufgefordert, für eine Denkschrift des Verkehrs- und Verschönerungsvereins (Oberkassel) Informationsmaterial in Bild- und Textform zu liefern. Dabei dürfte es sich um das Buch von Carl Vossen „Düsseldorf linksrheinisch einst und jetzt" handeln. Es gibt aber auch traurige Anlässe, bei denen die Schützen einen festlichen Rahmen abgeben: so die Trauerfeier für den Landtagspräsidenten Josef Gockeln (1958) und für den Oberbürgermeister Fritz Vomfelde (1961). Wer erinnert sich noch an die Gefahr durch die Polioerkrankung im Jahre 1961? Am 11. Juli des Jahres wird bekannt, dass in Düsseldorf kein Schützenfest stattfinden darf. Unter dem 15.8.1961 kann man nachlesen, dass die Gesundheitsbehörde Entwarnung gibt, so dass das Heerdter Schützenfest doch gefeiert werden kann. Merkwürdig ist nur, dass sich in diesem Zusammenhang nichts über die Besiegelung der Teilung Deutschlands durch den Beginn des Baus der Berliner Mauer am 13.8.1961 im Protokoll vom 15.8.1961 findet, während man am 23.6.1966 den vorzeitigen Schluss der Erweiterten VS wegen der „Übertragung eines wichtigen Fußballspiels im Fernsehen" – es scheint sich um das letzte Vorbereitungsspiel vor der WM in England gehandelt zu haben, das Deutschland gegen Jugoslawien mit 2:0 gewonnen hatte - schriftlich festhält.

Die frühen 60er Jahre erscheinen in den Protokollen ohne besondere Höhepunkte. Da geht es vor allem um Mitteilungen aus dem personellen Bereich: Philipp Perzborn tritt aus gesundheitlichen Gründen als Oberst zurück, macht aber 1963 den Königsschuss. Im Jahr zuvor wurde Helmut Wolf Schützenkönig, und bei der Jugend errang Simon Mellmer diese Würde. Die Schützen gedenken 1963 der Ermordung des amerikanischen Präsidenten J.F. Kennedy. Albert Scheele legt sein Amt als Protektor nieder. Ehrenchef Michael Bahners erhält 1963 die Ehrennadel für 40jährige Vereinszugehörigkeit, und Willy Scharfschwerdt kündigt am 15.10.1965 seinen Rücktritt als erster Chef an. Warum man 1962 den vermeintlichen 425. Geburtstag des Vereins nicht feierte, geht aus den Protokollen nicht hervor. Gelegentlich trinkt auch einmal ein Schütze „einen über den Durst". Wenn er aber den Polizisten, der ihn nach Hause bringen will, „tätlich angreift", dann wird er von seiner Kompanie „exballotiert". Wie das seinerzeit vor sich ging, weiß der Verfasser natürlich nicht. Ob man das „Exballotieren" hier wörtlich nehmen muss? Dann hätte eine geheime Abstimmung mit weißen und schwarzen Kugeln – die wohl „ja" bzw. „nein" bedeuten – stattgefunden. Das Wort „ballotage" ist heute noch in der französischen Sprache gebräuchlich. Es bedeutet im politischen Raum die Stichwahl zwischen den beiden Kandidaten, die in einem 1. Wahlgang zwar die meisten Stimmen erlangt haben, aber von denen niemand 50% dieser Stimmen – die absolute Mehrheit – für sich buchen konnte. „Exballotieren" erscheint in den Protokollen nur noch einmal, und zwar am 10.7.1996.

## 3.: Zweite Amtszeit Michael Bahners

Am 26.11.1965 werden Michael Bahners als erster und Helmut Wolf als zweiter Chef gewählt. Nachdem der Beitrag 1962 von 8 auf 12 DM p.a. erhöht worden war, steigt er 1965 erneut um 3 DM p.a. an. Ab der zweiten Hälfte der 60er Jahre ist auch ein erfreulicher Anstieg der Spenden zu verzeichnen. Verständlicherweise können hier die in den Protokollen genannten Beträge nicht öffentlich genannt werden. Viele Jahre beschäftigt man sich mit dem Eintrittsalter der Jungschützen und mit – u.a. damit verbundenen – Satzungsänderungen (1966/67 und 1974). Die neuen Statuten wurden am 15.12.1967 angenommen. Im Jahre 1968 wird der linksrheinische Schützenkönig vom Vorsitzenden des *Bürgervereins Heerdt (BVH)*, Hanns Heuer, gekrönt. Die Heerdter Schützen nehmen sowohl am großen Düsseldorfer Schützenfest (1966) wie auch am 100jährigen Jubiläum der Löricker Schützen (1969) teil. Die Vielfalt an Aktivitäten und die positive Resonanz, die die Schützen haben, lassen vergessen, dass es auch immer wieder Sorgen gibt. So verzeichnet man z.B. 1967 und 1968 einen geringen Besuch im Festzelt am Abend des Kirmesmontag; und die *Fidelen* beantragen sogar für die Zukunft den Fortfall des Fackelzuges. Warum 1966 der Große Zapfenstreich nicht gespielt wurde, bleibt offen. Erfreuliches – Philipp Perzborn erhält die goldene Ehrennadel und wird Ehrenoberst; die Schützen beteiligen sich am Festzug zur Kirche anlässlich des Goldenen Priesterjubiläums von Leopold Schiffer; die Krönung des neuen Königs übernimmt ab 1966 der Heerdter Pastor Maercker bzw. Kaplan Fischer – wechselt sich mit traurigen Ereignissen ab: Das Protokoll vom 14.11.1969 verzeichnet den Tod des Ehrenchefs Willi Scharfschwerdt.

Hanns Heuer, der langjährige erste Vorsitzende des *BVH* und Mitglied der *Fidelen*, schlägt zum 15jährigen Bestehen des 1955 gegründeten Bürgervereins für den Kirmesmontag einen Programmpunkt vor, der zur festen Institution geworden ist: den so genannten Heimatabend. Ab 1971 beteiligen sich die Schüler der Hauptschule (laut Protokoll anfangs 450 Kinder) am „Waisenhaus"-Fest, von dem weiter oben schon berichtet wurde. Die Heerdter Schützen, die im Jahre 1971 stolze 330 Männer zählten, werden in demselben Jahr verstärkt durch das Heerdter Fanfarencorps. 1971 ist man übrigens immer noch der irrigen Annahme, das Gründungsjahr des Vereins sei 1537 (so im Bericht vom Schützenfest 1971 zu lesen). Erst im Protokoll vom 29.9.1972 wird von der im folgenden Jahr stattfindenden 400-Jahr-Feier gesprochen: Ab jetzt wird 1573 als das richtige Gründungsjahr festgestellt und festgehalten. Es wäre auch mehr als schade gewesen, wenn man erst im Zusammenhang mit dem in Anmerkung 1 zitierten Aufsatz von

Schlossmacher – nämlich im Jahre 1980 – entdeckt hätte, dass man den 400. Geburtstag des Vereins verpasst hat.

### 4.: Amtszeit Helmut Wolf

Am 1.6.1971 verstirbt plötzlich und unerwartet der amtierende 1. Chef Michael Bahners. Auf der VS vom 1.10.1971 wird daher die Frage nach seinem Nachfolger laut. Auch muss sich der Verein nach einem neuen Protektor umsehen. Aus dem Rückblick auf das Schützenfest soll nur berichtet werden, was dort über die Beteiligung der Hauptschule gesagt wird: „Am Dienstagmorgen kamen nicht nur die Mädchen des Jugendhauses, sondern auch ca. 600 Kinder der Hauptschule Heerdt ins Zelt. Rektor Pauly hatte ein nettes Programm zusammengestellt. Die Kinder sangen, spielten und führten Volkstänze auf." Am 29.10.1971 wählten die 168 anwesenden Schützen auf einer GV ihren neuen Chef – Helmut Wolf – und seinen Stellvertreter: Albert Schelling. Wenige Monate später erhält der zweite Chef wohl erstmals in der Vereinsgeschichte eine eigene Amtskette, gestiftet von den Söhnen des im Juni verstorbenen Chefs Michael Bahners. Man beschließt, die GV ab 1973 immer auf dem Buß- und Bettag abzuhalten. In den 70er Jahren werden die Schützenkönige u.a. durch den Bürgermeister Josef Kürten, den Oberst Schnigge des Großen Vereins bzw. dessen Chef Ibing gekrönt. 1972 gibt es eine terminliche Kollision des Schützenfestes mit der Olympiade in München; und wegen der Bundestagswahlen 1972 soll der Volkstrauertag entfallen. Im Jahre 1973 beteiligen sich die Heerdter Schützen an der 100-Jahr-Feier der Oberkasseler Schützen, obwohl sich laut Broschüre des Verkehrs- und Verschönerungsvereins – in Anmerkung 5 zitiert – 1873 zwar die erste Kompanie gebildet hatte, aber erst ab 1879 ein Schützenfest stattfand. Die 400-Jahr-Feier des Heerdter Schützenvereins war sicherlich ein Höhepunkt in der neueren Vereinsgeschichte. So finden sich zahlreiche und ausführliche Hinweise und Berichte zum Jubiläumsschützenfest 1973 in den Protokollen.[38] Es nimmt nicht wunder, dass es 1973 wohl die bis dahin größte Zahl von Bewerbern für den Königsschuss in der Vereinsgeschichte gab, nämlich 46. Aber nur **einer** konnte diese Würde erringen: Das war Hans Erkelenz.

Inzwischen hatte der Verein in Simon Gatzweiler[39] einen neuen Protektor und in Herbert Frings einen neuen Oberst gefunden, nachdem Klaus Dreps zurückgetreten war. Auf der anderen Seite hat der Verein immer wieder Verluste zu beklagen, die in den Protokollen namentlich erwähnt werden: zum einen Klaus Angenendt (1973) und zum andern den Pagenvater Heinz Werner (1974), dessen Funktion ab 16.5.1975 von seinem Sohn Heinz-Dieter übernommen wird. Wenn auch laut Meldung vom Juli/August 1974 die Zahl der Waisenkinder im Jungendhaus an der

Pariser Straße zurückgeht, so wird doch 1977 gemeldet, dass am Morgen des Kirmesdienstag 500 Kinder im Festzelt gewesen seien, wobei offen bleibt, ob darunter noch Waisenkinder waren, denn schließlich waren Ende und Abbruch des Jugendhauses wohl schon eine beschlossene Sache. Vielleicht ist einmal von Interesse, die Anzahl der Teilnehmer an der jährlichen Generalversammlung zu erfahren: 1973: 159 Mitglieder; 1974: 166; 1975: 152; 1976: 153; 1977: 187; 1978: 197; 1979: 167; 1980: 225 (!); 1981: 159.

Ansonsten kann von den 70er Jahren noch folgendes berichtet werden: 1973 ist Bürgermeister Josef Kürten Schirmherr des Jubiläums-Festes. Der *BVH* plant 1975 aus Anlass seines 20jährigen Bestehens einen besonders gestalteten Heimatabend für den Kirmesmontag. Im Jahre 1975 – und erneut verstärkt 1978 – wird die Aufnahme von Frauen in den Verein diskutiert. Der Zapfenstreich zu Beginn der Festtage auf dem Sandvik-Parkplatz eröffnet 1975 eine gut 30 Jahre währende Tradition. Über Uniformen für die Pagen denkt man 1977 nach. Die Einladung der Altenkreise Heerdt und Handweiser zum Schützenfest wird ab 1976 fester Programmpunkt. Der Verein erlaubt sich 1976 eine Erhöhung des Mitgliedsbeitrages, um weiter niveauvolle Feste feiern zu können. Zwar gibt es in den gesamten 70er Jahren eine positive Kassenentwicklung, doch 1978 stellt man eine leichte Stagnation fest. Erfreulich ist die Zahl von 1.400 Personen am Kirmes-Montagabend 1976 im Schützenzelt. 1977 zählt man bei der Sonntagsparade immerhin die stattliche Zahl von 104 (!) Ehrengästen. Bei diesen Erfolgen darf man den natürlichen Alterungsprozess nicht aus den Augen verlieren. So sucht der Verein ab 1977 einen Jugendwart, einen Jungschützenvertreter und einen Betreuer. Letztere Aufgabe wird ab 1984 Heinz-Dieter Werner übernehmen. Wegen ihrer Verdienste um das Schützenwesen erhalten der 1. und der 2. Chef 1977 vom ersten Vorsitzenden des Großen Düsseldorfer Vereins die Silberne Ehrennadel. Beide – Helmut Wolf und Albert Schelling - werden auf der GV vom 16.11.1977 in ihren Ämtern wieder gewählt. Wegen der schweren Erkrankung und des frühen Todes von Albert Schelling (1978) muss Simon Mellmer als kommissarischer zweiter Chef einspringen; auf der Herbstversammlung 1978 wird er offiziell in dieses Amt gewählt. In diesem Zusammenhang fällt in den Protokollen und Berichten auf, dass ab den 70er Jahren der Begriff „Kamerad" bei der Nennung eines Schützennamens immer seltener wird und irgendwann ganz fortfällt. Durch den Tod von Fritz Broich (1979) müssen die Heerdter wiederum auf ein Urgestein des Schützenwesens verzichten.

Weitere Veränderungen zeigen, dass der Verein nicht nur aus einer alt bewährten Tradition lebt, sondern sich auch Neuerungen öffnet: So ziehen Mitglieder des *BVH* ab 1978 beim Fackelzug mit. Wegen der

Schließung des Jugendhauses der Dominikanerinnen steht der Heerdter Verein vor der Frage, ob es andere Jugendliche gibt, denen man an den Schützentagen eine Freude bereiten kann: So entscheidet man sich 1979 für die Einladung behinderter Kinder aus zwei Kindergärten. Ab 1979 findet der Gottesdienst am Kirmessonntag-Morgen im Festzelt statt. Immer wieder findet das Stadtoberhaupt den Weg ins Heerdter Schützenzelt: so z.B. Oberbürgermeister Bungert 1979 und Oberbürgermeister Kürten 1984. Die Einführung der Sommerzeit ab 1980 spiegelt sich hinsichtlich der Konsequenzen für den Beginn des Fackelzuges bis 1986 in den Protokollen wider. Zum bevorstehenden 100jährigen Jubiläum des *Landsturms*, der damit zu den ältesten Heerdter Kompanien zählt oder möglicherweise gar die älteste ist, wird Willi Wengler 1980 Schützenkönig. Von finanziellen Überlegungen ist der Verein naturgemäß nie ganz frei: So diskutiert man 1980 die erhöhten Kosten für die neuen Plakate und für die musikalische Beteiligung des *Blasorchesters* am Schützenzug. Aus steuerlichen Gründen wird sogar der Eintritt in eine „Nebenbruderschaft" erwogen, aber auch schnell wieder verworfen.

Der letzte Bericht vom Schützenfest unter der Leitung von Helmut Wolf – der zusammen mit dem Schriftführer Hans Feyen diesen Text verantwortet – beginnt in einer bisher ungewöhnlichen Weise: Man stellt fest, dass sich die Berichte von Jahr zu Jahr gleichen, weil zum Gelingen des Festes immer wieder dieselben Vorbereitungen und Arbeiten zu treffen bzw. durchzuführen sind. „Welche Arbeit und wie viel Geld die Ausrichtung dieses Festes erfordert, kann nur der verstehen, der die Vorbereitungen im Vorstand mitgemacht hat." Deshalb sollen diese Vorbereitungen „hier einmal kurz beschrieben werden." Dies geschieht dann auch in einer der Sache angemessenen und ausführlichen Weise, so dass der Außenstehende ein sehr gutes Bild erhält. Im weiteren Verlauf wird dann dargelegt, welche finanziellen Quellen und Möglichkeiten der Verein für die Abhaltung dieser Feste hat, wobei man – so wäre zu ergänzen - nicht nur an das eigentliche Schützenfest, sondern auch an das Titularfest zu denken hat. Als letzten Faktor erwähnt der Protokollant dieses Berichts eine weitgehend unbekannte, aber wichtige Größe für den Erfolg von Kirmes und Schützenfest, die „man nicht vorher in einem Vertrag festlegen kann: das Wetter."

5.: Amtszeit Simon Mellmer

Aus gesundheitlichen Gründen kandidiert Helmut Wolf nicht mehr als erster Chef, so dass für diesen Posten Simon Mellmer gewählt wird; zweiter Chef wird Helmut Hoffmann (19.11.1980; Wiederwahl 1983 u. 1986). Helmut Wolf wird 1981 zum Ehrenchef ernannt. Nachdem weiter oben schon berichtet wurde, dass auf der GV von 1980 stolze 225 Schützen anwesend waren, sollen auch die Zahlen für 1982 (173), 1983 (180), 1984 (151) und 1985 (158) genannt werden[40]. Die frühen 80er Jahre zeichnen sich durch den üblichen Jahresrhythmus im Leben eines Schützen und seiner Kompanie aus. Man diskutiert die Frage, ob das Titularfest im Zelt auf dem Kirmesplatz stattfinden soll (1981/82); man beteiligt sich an einer von der *KAB* organisierten Ausstellung; man beschäftigt sich mit dem Problem der Integration von Ausländern in den Düsseldorfer Schützenverein (1984) und beschließt 1984 den Beitritt zur Interessengemeinschaft Düsseldorfer Schützenvereine (IGDS), von dem bereits im Protokoll vom 21.4.1951 die Rede war. Heinz Heckermann löst 1982 Oberst Herbert Frings in dieser Funktion ab. Auch der Pressewart wechselt: Anstelle von Hermann Argendorf übernimmt Hans von Amelen dieses Amt (1982). Im Jahre 1984 hat der Verein ein so starkes Polster, das er 5.000 DM für die Kinderkrebsklinik spenden kann, wofür sich Oberbürgermeister Kürten schriftlich bedankt. Der Ärger mit einigen Hauptschülern am Kirmesdienstag 1980 und 1981 spiegelt einen Generationswechsel wider, der typisch ist für die westeuropäische Gesellschaft der damaligen Zeit: Es wurde bemängelt, „dass die Schulkinder der Hauptschule mit den ausgeteilten Limonaden und Würstchen unbefriedigend umgehen (angebissene Würstchen wurden unter den Bänken und Tischen gefunden)." Das wäre bei einer früheren Generation nicht denkbar gewesen. Das soll keine moralische Verurteilung der Schüler, ihrer Eltern und Erzieher sein, sondern nur daran erinnern, dass die wirtschaftliche Lage der Nachkriegsjahre ein völlig anderes Verhalten der Kinder und Jugendlichen nach sich gezogen hätte. Dieser Kommentar ist als Erklärung, nicht als Rechfertigung des unreflektierten Umgangs mit den vom Verein gespendeten Gaben zu verstehen. Unabhängig von dieser Schützen-Kritik vermelden auch die Protokolle der Folgejahre (z.B. 1984 und 1985) die Beteiligung der Heerdter Hauptschule, der behinderten Kinder von der Schule am Lohbachweg in Gerresheim und der Altenclubs Heerdt und Handweiser am Kirmesdienstag-Morgen.

Neue Fragen tauchen auf: Gibt es eine Mitgliedschaft im Regiment ohne die Mitgliedschaft in einer Gesellschaft? Sind die Pagen und der Pagenvater Vereinsmitglieder (1984)? Wie steht es um die Finanzierung eines neuen Schießstandes am Bunker (1985)? Welche Initiativen sind zu ergreifen zur Verbesserung des Schützenplatzes (1985 u. 1986)? Eine schöne Geste ist die Idee, das 1985 vom *BVH* herausgegebene Buch „Heerdt im Wandel der Zeit III" als Präsent beim Gästekönigsschießen (1985 und 1986) zu überreichen.

Im Einzelfall gibt es auch immer wieder Ärger mit dem einen oder anderen Mitglied oder gar mit einer Kompanie. Schützen stehen mitten im Leben, und da geht es nicht immer so zu, wie es angebracht wäre. Aber erfreulich ist es zu lesen, dass die damit verbundenen Probleme – auf die hier im Detail nicht eingegangen werden soll – angesprochen und gelöst werden. Ab und zu muss man sich dann auch einmal von einem unangenehmen Zeitgenossen trennen. Jede GV gibt den Beteiligten Gelegenheit zur Manöverkritik (z.B. 1987), die – je nach objektivem Anlass oder subjektiver Betroffenheit – nicht zu kurz kommt. Oft wird die Kritik aber mit konstruktiven Vorschlägen verbunden, auch wenn diese nicht immer mehrheitsfähig sind. Da geht es z.b. um eine zu geringe Beteiligung an Schützenbeerdigungen, an der heiligen Messe anlässlich des Titular- bzw. des Schützenfestes, am Volkstrauertag und an der Fronleichnamsprozession. Ein Mitglied nimmt den Großen Zapfenstreich zum Anlass, „eine einheitliche Regelung beim Kommando des Oberst während des Zapfenstreichs *Hut ab zum Gebet*" anzuregen. Ein anderer Schütze „bat um mehr Aktivitäten beim Mitsingen der Nationalhymne."

Immer wieder werden das Verhalten einzelner beim Kirchgang und die Beteiligung an der Fronleichnamsprozession angesprochen. Einen ziemlich einmaligen Eklat gab es wohl 1989 wegen des vom *BVH* zu verantwortenden Redners beim Volkstrauertag. Auf jeden Fall war aus der Sicht des Vorstands des Schützenvereins eine gegenüber dem *BVH* schriftlich geäußerte Distanzierung angebracht. Hanns Heuer, der Vorsitzende des *BVH,* versuchte auf der GV, „die Ausführungen des Redners zu rechtfertigen bzw. zu modifizieren und will allen Interessierten das Manuskript der fraglichen Rede zuleiten." Die Ansprache auf dem Volkstrauertag 1990 wurde dann besonders gelobt. In diesen Zusammenhang passt vielleicht die Information (1987), dass die VHS Düsseldorf „die Geschichte des linksrheinischen Düsseldorf in der NS-Zeit" erkunden möchte und deshalb alle Vereine um entsprechende Informationen bat. Ob und inwieweit der Heerdter Schützenverein dieser Bitte nachgekommen ist, lässt sich anhand der Protokolle nicht feststellen.

Die Jungschützenvertreter Heinz-Dieter Werner und Rainer Rütten treten zurück und machen Platz für Harald Kontny und Michael Plum. Das mangelnde Interesse an der Thematik „Jungschützen" wird in diesen Jahren häufig beklagt. Der *Landsturm,* der wenige Jahre zuvor noch sein 100jähriges Bestehen gefeiert hat, gerät ab 1987 in eine Existenzkrise. Ab 1987 wird von einzelnen Mitgliedern die „Verkleidung" beim Fackelzug moniert. Der Düsseldorfer Verkehrsplanung für 2000 sieht man mit gemischten Gefühlen entgegen. Die Probleme mit dem Schießstand werden wieder ab 1986 besonders virulent. Erst am

20.11.1991 verkündet der Chef, dass im Juli der Schützenverein zusammen mit CfR Links auf der Bezirkssportanlage an der Pariser Straße „unseren neuen Hochschießstand mit überdachter Fläche eingeweiht" habe. Das sollte in dieser Sache jedoch nicht das letzte Wort sein.

An erfreulichen Dingen ist zu berichten, dass sich die Gestaltung des Kirmesdienstag-Morgen inzwischen konsolidiert hat. Ehrenchef Helmut Wolf überreicht Simon Mellmer die Goldene Ehrennadel. Das Titularfest ist gerettet, kann es doch von 1987 bis 1994 in Schlössers Radschlägersaal stattfinden. Da dieser leider danach abgerissen wurde, bediente man sich ab 1995 eines Zeltes auf dem Schützenplatz. 1987 wird die Herausgabe einer Festschrift oder Vereinszeitung angeregt; bis zur Realisierung dieses Projektes wird es noch etwas dauern. Die Heerdter Schützen nehmen selbstverständlich an der 700-Jahr-Feier der 1288 gegründeten Stadt Düsseldorf teil. Der Brand in der Behindertenwerkstatt führt 1988 zu einer spontanen Spende des amtierenden Königs in Höhe von 620 DM.

Die Erfolge des Vereins trüben aber nicht den Blick dafür, dass es grundlegende Veränderungen in unserer Gesellschaft gibt, die uns alle berühren: So macht man sich (1987-1989) Gedanken über die negative Entwicklung der Altersstruktur im Verein. Ebenso kann man nicht über die nicht mehr selbstverständliche Akzeptanz der Schützen-veranstaltungen (1987-1989) hinwegsehen. Der Parkplatzmangel beim Heerdter Schützenfest und die geplante Verlängerung der Düsseldorfer Kirmes sind nur Marginalien; sie gehen nicht an die Wurzel der Veränderungen im Vereins- und Freizeitverhalten der Menschen. Da gilt es, einmal über den Vereinszweck[41] (1986/87, 1987/88) zu reflektieren und den Mut zu haben, die Notwendigkeit einer „Modernisierung" zu akzeptieren (1989). Die repräsentativen Aufgaben des Vereins werden thematisiert (1989), und die Modifikationen bei der Parade auf der Rheinallee (ab 1989) werden erörtert und beschlossen. Aus dem Ruf „Schützen Heil" wird 1989 „Schützen Hoch": Wahrscheinlich will man auf diese Weise jeder Möglichkeit, in die falsche politische Ecke gestellt zu werden, den Boden entziehen.

Die im Laufe der Zeit immer ausführlicher gewordenen Berichte und Protokolle[42] bieten besonders seit den 90er Jahren eine Fülle an Einzelinformationen, die sich vom Verfasser nur schwer zu einem kohärenten Gesamtbild zusammenfügen lassen:
Ab 1986 bürgert sich in den Protokollen der GV ein, bei den Vorstandswahlen genau zwischen dem „Geschäftsführenden Vorstand" und dem [„Einfachen"] „Vorstand" zu unterscheiden.[43] So

werden 1986 Simon Mellmer und Helmut Hoffmann als 1. und 2. Chef, Günter Kesseler als Schatzmeister und Heinz-Dieter Werner als 1. Schriftführer in den Geschäftsführenden Vorstand gewählt. 1989 wird Helmut Hoffmann von Peter Greiser, der dieses Amt aus gesundheitlichen Gründen nur sechs Jahre ausüben konnte, abgelöst. 1992 übernimmt Stefan Kesseler die Funktion seines Vaters. Ab 1995 sieht der Geschäftsführende Vorstand wie folgt aus: 1. Chef Simon Mellmer, 2. Chef Heinz-Dieter Werner, Schatzmeister Roland Tschöke und 1. Schriftführer Oliver Lüpertz. Dieses Ergebnis wird 1998 bestätigt. Im Herbst 2001 wird Oliver Lüpertz als erster Schriftführer von Andreas Bahners abgelöst. Auf ihn folgt 2002 Frank Lüdorf. Andreas Bahners übernimmt dafür von Roland Tschöke das Amt des Schatzmeisters. Anstelle von Frank Lüdorf wird 2004 Edmund Neuhofen erster Schriftführer. Die übrigen Posten werden auf der GV von 2004 bestätigt.

Im Jahre 1989 werden die Bemühungen der Pagenväter Heinz-Dieter Werner und Rainer Rütten besonders erwähnt. Am 5.11.1995 legt Heinz-Dieter Werner nach 23jähriger Tätigkeit sein Amt nieder, weil die anderen Vorstandsaufgaben diese Doppelbelastung nicht mehr ermöglichen. Auf der GV vom 7.11.1999 wird Günter Heidenreich zum neuen Pagenvater gewählt. Im Jahre 1990 werden die Jungschützenvertreter wegen des Rücktritts von Harald Kontny und Michael Plum neu bestimmt: Es sind dies Peter Klapdor (jun.) und Sven Scharfschwerdt. Mehrfach muss wieder über eine Beitragserhöhung (1989 und 1990) verhandelt werden, wobei es für die Jungschützen eine Sonderregelung geben soll. Kurzfristig führen die allgemeinen Preissteigerungen und ein rückläufiges Spendenaufkommen zu einem Defizit. Die Heerdter Schützen nehmen 1990 am Jubiläumszug in Niederkassel und 1994 in Lörick teil. Der Fackelzug 1990 wird von einem schweren Verkehrsunfall überschattet. In demselben Jahr hat der Verein große Verluste zu beklagen: Das Protokoll vermerkt den Tod von Willi Schelling, August Schnigge (Oberst des Großen Vereins), Anton Küppers sen. und Peter Jung sen. (geb. 1905). Die Schützen sind aber auch zur Stelle, wenn es um die Verabschiedung der Geistlichkeit geht: Pastor Langevoort und Pfarrer Dr. Carl Klinkhammer gehen in den wohlverdienten Ruhestand. Regelmäßig wird auch die Schützenteilnahme am kirchlichen Titularfest notiert; und zum weltlichen Titularfest 1990 gab es außergewöhnlich „tolle" Tombolapreise. Trotz des Golfkrieges findet 1991 das weltliche Titularfest statt, aber im Frühjahr 1991 war wegen der unklaren weiteren Entwicklung in der Golfregion noch offen, ob man im Sommer das Schützenfest abhalten werde.

Beim intensiven Studium der Protokolle und Berichte dieser Jahre wird deutlich, dass das Schützenwesen – und dies gilt nicht nur für Heerdt! – nicht mehr so selbstverständlich integrierter Bestandteil einer Stadt(-teil-)kultur ist wie in den zurückliegenden Jahrzehnten. Gewachsene Strukturen und traditionelle Bindungen lösen sich aus unterschiedlichen Gründen auf; Gewerkschaften, Parteien und Vereine verlieren kontinuierlich bis heute große Teile ihrer Mitglieder und Anhänger. Bekanntlich werden auch die beiden christlichen Kirchen massiv von diesem Trend erfasst. So nimmt es nicht wunder, dass man die mangelhafte Jugendarbeit (1991) und auch den geringen Schmuck in Heerdts Straßen an den Schützentagen (1991) registriert. Daher wird z.B. die Außendarstellung des Vereins durch eine verstärkte Pressearbeit und durch die Selbstdarstellung bei „Antenne Düsseldorf" in die Wege geleitet. Letztlich führt dies zu dem Gedanken der Herausgabe einer Schützenbroschüre [44], zu der es erstmalig im Sommer 1993 kam; seitdem ist die immer vor den Kirmestagen erscheinende Vereinspublikation „Wir in Heerdt" nicht mehr wegzudenken; 2017 wird die 25. Ausgabe erscheinen.

Aber die Frage nach dem „Selbstverständnis"[45] des Vereins geht tiefer und wird bis in die Gegenwart hinein den Verein beschäftigen. Dies soll anhand eines konkreten Zitates, das dem auf der GV 1991 vorgetragenen Jahresbericht 1990/91 des Vorstandes entnommen ist, belegt werden, bei dem eingangs die diversen Vereinsaktivitäten aufgezählt werden. Danach heißt es weiter: „Die nächste gemeinsame Veranstaltung [des Schützenjahres 1990/91] war dann das kirchliche Titularfest im Januar dieses Jahres [1991]. Diesen Kirchgang möchten wir einmal zu einem grundsätzlichen Statement für die Ziele und Traditionen unseres Schützenvereins heranziehen. Unser Verein ist entstanden aus einer Schutzbewegung für die Bürger und hat sich immer angelehnt an die Kirche und deren Ziele und Traditionen. Dies wird verdeutlicht durch unseren Namen „St. Sebastianus", durch das Feiern des Patronatsfestes unseres Schutzpatrons, des Titularfestes und durch unsere satzungsmäßigen Ziele Pflege von Glaube, Sitte und Heimat. Zwar sind wir keine Bruderschaft, die sich noch näher der Kirche verbunden fühlt – hier ist der örtliche Pfarrer gleichzeitig Präses aller Schützen -, aber die Kirche hat in unserer geschichtlichen Entwicklung eine bedeutende, anfangs ja sogar eine dominierende Rolle gespielt. Diese Dominanz ist – parallel zur Entwicklung in der gesamten Gesellschaft – immer weiter zurückgegangen und mündet heute vielfach in eine Gleichgültigkeit oder eine schroffe Ablehnung durch einzelne Mitglieder. Dies ist sogar so weit gegangen, dass Schützenkameraden, die sich weiterhin ihrem Glauben und der Kirche verbunden fühlen, öffentlich verhöhnt und belästert wurden. Und wir denken, hier an dieser

Stelle sind wir an einem Punkt gelangt, an dem wir gemeinsam überlegen sollten, was uns die Begriffe Kameradschaft, Freundschaft und Gemeinschaft noch bedeuten. Alle drei Begriffe beinhalten ein hohes Maß an Toleranz und Verständnis füreinander. Daraus ergibt sich, dass wir nicht nur die angenehmen Seiten unserer Gemeinschaft, wie das Feiern von Festen oder das Gespräch an der Theke pflegen sollten, sondern auch da Solidarität zeigen, wo die eigene Überzeugung der des Kameraden nicht ganz folgen kann." In diesem Zusammenhang werden auch wichtige und grundsätzliche Ausführungen über die Notwendigkeit einer aktiven Jugendarbeit gemacht, deren Bedeutung weit über den damaligen Zeitpunkt hinausreicht. Daher spielen die Aspekte „Langzeitplanung" und „Einzelaktivitäten" in dem Jahresbericht 1990/91 eine besondere Rolle. In diese Grundsatzdebatte greift erfreulicherweise 1992 Friedhelm Riegel, der Vertreter der Brauerei Gatzweiler, ein, dessen Erklärung sich mit dem Schlagwort „Erneuerung alter Strukturen" kurz zusammenfassen lässt. Ein „Gegenfest" in der so genannten Weihwassersiedlung ist aus Sicht des Heerdter Schützenvereins sicherlich kontraproduktiv. Die nun anlaufende Diskussion über die Abschaffung des Kirmesdienstag (1993) darf nicht isoliert gesehen werden, sondern im Kontext der neuen Frage nach einem „Bürgerabend" am Kirmesfreitag und einem „Bürgerschießen"[46].

Für die 90er Jahre ist an Einzelinformationen noch nachzutragen: Das kirchliche Titularfest soll abwechselnd in der Benediktuskirche bzw. in der Bunkerkirche stattfinden. Für den abgebrannten Kindergarten an der Aldekerkstraße gibt es eine weitere Spende. Herbert Frings erhält 1993 die Goldene Ehrennadel. Zur besseren Förderung und stärkeren Einbindung der Jugend werden 1994 die Jungschützenvertreter Mitglieder des Vorstands: Dazu wird Peter Klapdor (jun.) erneut ernannt, während Andreas Bahners erstmals diese Funktion – anstelle von Sven Scharfschwerdt – übernimmt. Der Heerdter Verein mit einer „Größenordnung eines Kleinunternehmens" beteiligt sich weiter am Martinszug, unterstützt Dritte durch Spenden und feiert sich selbst, aber auch mit anderen Vereinen. Dabei vergisst er weder die Jugend noch die Senioren[47] beim Titular- und beim Schützenfest. Zu erwähnen ist noch, dass die Abschaffung des Buß- und Bettages eine veränderte Terminierung der jährlichen GV nach sich zieht. Eine erneute Beitragserhöhung erlaubt die Aufstockung der Unfallversicherung und des Königsfonds. „Karnevalsähnliche Verkleidungen" beim Fackelzug und „Einlagen" bei der Parade, vor allem, wenn sie – wie 1994 geschehen – nicht mit dem Vorstand abgesprochen sind, werden abgelehnt bzw. nicht gerne gesehen, u.a. weil sie zur zeitlichen Verschiebung des gesamten Programms führen. Im Jahre 1998 kann man wiederum ein Jubiläum feiern: nämlich das 425. Gründungsjahr[48].

Die erste „Ballermannfete" findet 1997 statt. Das dritte Protokollbuch endet mit der letztlich verworfenen Überlegung (1998), ob der Geschäftsführende Vorstand um den 1. Platzmeister erweitert werden soll. Fünf Jahre vorher war dieser Antrag zusätzlich auch schon für den 1. Schießmeister erfolglos eingereicht worden. Im Jahre 1996 hatte man zwar am Abend des Kirmes-Montag einen neuen Schützenkönig, doch bis zum anderen Morgen hatte ihn wohl so nachhaltig der Mut verlassen, dass sich der Vorstand schnell – und erfolgreich ! – nach einem neuen König umsehen musste.

Auf der Erweiterten VS vom 25.3.1999 wird von der Initiative der Interessengemeinschaft Düsseldorfer Schützenvereine berichtet, die dem angeblich schlechten Ruf der Schützen in der Öffentlichkeit entgegenwirken soll: Alle der IGDS angeschlossenen Vereine haben insgesamt 1 Million DM (!) für karitative Zwecke gespendet und darüber hinaus viel für die Allgemeinheit getan; dies müsse stärker publik gemacht werden. Aber auch auf der GV vom 7.11.1999 spricht der 1. Chef diese Thematik mit sehr deutlichen Worten – vor allem in Bezug auf die Vorstellung, die angeblich in den Köpfen der Zeitgenossen von den Schützen existiert – an und räumt ein, dass ein positives Bild „schwer zu vermitteln" sei: Der 426 Jahre alte Heerdter Verein sei „ein Stück Kultur, die wir als Verein verkörpern, und zwar Volkskultur, die gleichzusetzen ist mit der Kultur in Opernhäusern und Kunstgalerien." Weiter heißt es dort: „Darüber hinaus dürfte ja auch jedem bekannt sein, dass ein Schützenverein ein sozialer Schmelztiegel ist. Hier finden alle gesellschaftlichen Schichten zueinander und versuchen gemeinsam, etwas auf die Beine zu stellen und miteinander in ihrem Stadtteil zu feiern." Eine in der Vergangenheit schon mehrfach diskutierte Frage taucht auf, ob nämlich das frühest mögliche Eintrittsalter in den Schützenverein bei 14, 16 oder 18 Jahren liegt. Man beschließt, sich für das vollendete 14. Lebensjahr zu entscheiden. Ende der 90er Jahre muss erneut darüber gesprochen werden, dass zum weltlichen Titularfest auf dem Simon-Gatzweiler-Platz mehr Besucher kommen müssen. Wenn dieses Fest nur für „ein Drittel der Mitglieder" durchgeführt wird, sei die Anerkennung der Gemeinnützigkeit des Vereins in Gefahr. Wenn es gelegentlich Schwierigkeiten gab, Kandidaten für den Schuss auf den Königsvogel zu finden, so kann man im Jahresbericht 1998/99 stolz verkünden, dass es im abgelaufenen Jahr 60 Bewerber gegeben hat.

Die Diskussion über Organisationsstrukturen wird fortgesetzt: Soll man das weltliche und das kirchliche Titularfest zeitlich zusammenlegen? Soll der 2. Tag des Titularfestes trotz geringen Echos beibehalten werden? Soll der Beginn des Schützenfestes auf den Freitag vorverlegt werden?

Sollen besondere Plakate auf den Heimatabend hinweisen? Darf es Doppelmitgliedschaften geben? Können Mädchen die Königswürde erlangen? Die zuletzt gestellte Frage – als Antrag auf der GV vom 5.11.2000, die im übrigen die „Heerdter Jongens" als neue Gesellschaft aufnahm, gestellt – wurde mehrheitlich bejaht.

Gelegentlich – wie wir gesehen haben – spiegelt sich in den Protokollen und Berichten die „große Politik" wieder, so auch im Jahresbericht 1990/2000, in dem der Chef am unmittelbar bevorstehenden Volkstrauertag „ein Zeichen setzen" will „gegen rechte Idioten". Dies wird im Bericht 2000/2001 mit ähnlichen Worten bekräftigt. Und noch einmal kehrt er mit einer neuen Formulierung zum Selbstverständnis des Vereins zurück: „Der Schützenverein ist das Bindeglied zwischen den Bürgern und ihrem Stadtteil. Hier wird mitbestimmt, was in unserem Stadtteil geschieht. Gerade auch in unserer von den Massenmedien bestimmten Zeit ist der Schützenverein so etwas wie der Fels in der Brandung, wo man immer wieder zu seinen Wurzeln zurückkehren kann."

Planung und Durchführung des Baues eines neuen Hochstandes, die sich in den Protokollen ab 25.4.2001 widerspiegeln, sollen hier nicht in allen Einzelheiten nachgezeichnet werden. Nur so viel sei gesagt, dass der Hochstand zum Schützenfest 2003 fertig gestellt werden sollte (11.2.2003), was dann auch eintraf (29.9.2003). Am 7.11.2004 heißt es schließlich, dass ein zweiter Hochschießstand ab Frühjahr 2005 auf dem Gelände des HTV stehen werde.

Da das Finanzamt bemängelte, dass die Vereinssatzung nicht mehr „gesetzeskonform" sei, wird nach einer entsprechenden Überarbeitung die neue und heute noch gültige Satzung auf der GV vom 4.11.2001 mit überwältigender Mehrheit angenommen. Die Erfüllung der Auflagen des Finanzamtes „beinhaltet eine drastische Reduzierung des Vereinsvermögens" (1.10.2001). Da taucht die Frage auf, an wen das Vereinsvermögen bei einer eventuellen Auflösung des Vereins fällt. Auch dieses Problem wird bei der Satzungsüberarbeitung gelöst. Die Gründung eines Fördervereins zur Vermeidung steuerlicher Konflikte findet keinen großen Zuspruch.

Es gibt immer wieder neue Probleme, denen sich der Verein stellen muss: Der Schützenplatz sei kein Ausweichquartier für damals in Düsseldorf demonstrierende Roma. Für die Hochwassergeschädigten im Osten unseres Landes – besonders in Sachsen (Elbhochwasser) – wird auf dem Schützenfest ein ansehnlicher Betrag gesammelt. Der Volkstrauertag, noch als Demonstrationstag gegen Rechtsradikalismus geplant, steht 2001 ganz im Zeichen der Terrorakte in New York am 11.9.2001 und des Krieges in Afghanistan.

Auf dem Schützenfest 2002 bekommt Simon Mellmer von Oberbürgermeister Joachim Erwin für seine Verdienste die Brillantnadel verliehen. Die *Flöter Jongens* erhalten eine Ehrenurkunde: Sie haben seit 50 Jahren ununterbrochen die Regimentsfahne getragen. Ebenso stolz kann der Vorstand feststellen, dass pünktlich zum Schützenfest zum 10. Mal die Ausgabe von „Wir in Heerdt" erscheint. Es soll nicht verschwiegen werden, dass es mit der Finanzierung und Herstellung dieser Broschüre gelegentlich auch Probleme gibt, wenn z.B. die Bestellung der kostenpflichtigen Anzeigen oder die Beiträge der einzelnen Gesellschaften nur zögerlich eingehen. War vor Jahren schon die Existenz des *Landsturms* problematisch geworden, so muss *Hermann Löns* 2003 mitteilen, dass es wegen des Mangels an Beteiligung keine Krönungsfeiern mehr geben werde. Und die *Treuen Freunde* haben alle ihre Aktivitäten eingestellt. So traurig dies ist, so erfreulich ist doch, dass der Verfasser mehrfach von der Gründung neuer Gesellschaften und ihrer Aufnahme in den Verein berichten konnte. Die Leser, die bis hierhin durchgehalten haben, werden sich daran erinnern, dass einmal vom Antrag auf Wahl des Oberst durch die GV gesprochen wurde. Dieser Antrag wird erneut am 29.9.2003 dem Erweiterten VS mitgeteilt; er erhält auf der GV vom 2.11.2003 nur ein knappes „Ja". Auf dieser GV werden auch gemeinsame Aktivitäten der Heerdter Schützen zusammen mit dem *BVH* zum Erhalt des Dominikus-Krankenhauses vorgetragen.

Wegen der für den Verein nicht gerade erfreulichen Entscheidungen des Finanzamtes, die aus Gründen des Datenschutzes hier im Detail nicht veröffentlicht werden können, und wegen der hohen Kosten für den Bau des neuen Schießstandes trägt Heinz-Dieter Werner ganz konkret massive Einsparungsmöglichkeiten vor, die von einer Beitragserhöhung von 3,10 € um 1,90 € auf 5 € p.m. flankiert werden. Da dies noch nicht zu einem ausgeglichenen Haushalt führt, soll das Defizit allmählich sowohl durch die geplanten Einsparungen als auch durch die beschlossenen Mehreinnahmen abgebaut werden. Ausdrücklich bedankt sich Simon Mellmer auf der GV vom 7.11.2004 bei den beiden „Bankern" im Geschäftsführenden Vorstand – Heinz-Dieter Werner und Andreas Bahners - für die Arbeit, die sie zur finanziellen Sanierung des Vereins geleistet haben. Die alte Diskussion über die Beitragsbefreiung des *Blasorchesters*, das sich  - wie der damalige Vorsitzende Ludwig Peters bei einer früheren Grundsatzdebatte einmal zugespitzt formulierte (16.6.1986) – primär als „Musikorchester" und erst in zweiter Linie als „Schützenkompanie" versteht, flammt in diesem Zusammenhang wieder auf. Für die GV des Jahres 2004 bereitet die Gesellschaft *Heerdter Jongens* einen Antrag auf Verschiebung des Schützenfestes von „Samstag bis Dienstag" auf „Freitag bis Montag" vor; der „Heimatabend" soll am Samstag sein. Die GV vom 7.11.2004 beschließt, einen Arbeitskreis zu bilden, der sich dieser Thematik annimmt und diskussionswürdige Vorschläge ausarbeitet. Sollte der Antrag der *Heerdter Jongens* demnächst eine Mehrheit finden, so könne er frühestens 2006 realisiert werden, weil für 2005 die Planungen weitgehend abgeschlossen seien.

Abschließend sollen noch ein paar erfreuliche Mitteilungen nachgetragen werden: Der Erweiterte VS beschließt, die Goldene Hochzeit von Herbert und Lisbeth Frings am 10.9.2004 mit einem Fackelzug der Schützen zu feiern. Norbert Esser und Jörg Bessert erhalten auf dem Schützenfest 2004 von OB Joachim Erwin den Stadtorden überreicht. Willi Wengler wird König des Schützenjahres 2004/2005: Er ist bisher der einzige Schütze seit Ende des Zweiten Weltkrieges, der diese Würde zweimal erlangt hat.

In den Jahren 2004 bis 2007 zeichnen sich einige Neuerungen ab, die einerseits als Reaktionen auf gesellschaftliche Veränderungen zu verstehen sind, andererseits aber auch konstruktive Vorschläge aufgreifen, die den Schützenverein zukunftssicher machen sollen: Während alle anderen linksrheinischen Schützenvereine kein eigenes Titularfest feiern, will Heerdt daran festhalten. So wird das kirchliche Titularfest erfolgreich mit einem Neujahrsempfang kombiniert, während das weltliche Titularfest auf den Kirmesfreitag gelegt wird. Am Schützensonntag findet die Messe im Zelt als Mundartmesse statt: Engelbert Oxenfort und Reiner Spiegel engagieren sich da in besonderer Weise und sorgen für entsprechende Beteiligung. Der Heimatabend wird vom Montag auf den Samstag vorverlegt, und die Jungschützen bestreiten zu einem großen Teil den Montagabend, der dadurch wieder erheblich an Attraktivität gewinnt. Am Kirmesfreitag der Jahre 2006 und 2007 fand als abendlicher Programmhöhepunkt die Wahl zur Miss Niederrhein statt; für 2007 gab es dafür sogar 13 Bewerberinnen. Da aber der Besucherstrom geringer war als im Vorjahr, wird es 2008 keine Miss-Wahl geben.

Auf der Sitzung des Erweiterten VS vom 18.10.2007 wird der Antrag der *Sappeure*, „dass es künftig auch in unserem Regiment möglich ist, dass außer bei den Musikzügen auch bei den anderen Kompanien Frauen mitmarschieren dürfen", mit großer Mehrheit angenommen. Dieser Beschluss, der faktisch die Aufnahme von Frauen als Mitglieder der jeweiligen Gesellschaft bedeutet, wurde auf der GV vom 4.11.2007 bekannt gegeben. Nachdem Simon Mellmer inzwischen die Beendigung seiner langen Zeit als 1. Chef öffentlich angekündigt hatte, kam es auf dieser GV zwangsläufig zu Neuwahlen, aus denen Heinz-Dieter Werner als 1. und Robert Hansen als 2. Chef hervorgingen. Andreas Bahners (Schatzmeister) und Edmund Neuhofen (1. Schriftführer) wurden ebenso in ihren Ämtern bestätigt wie die beiden Schiessmeister (Harald Kontny und Dirk Mäschig), der 2. Schriftführer (Heribert Schneider), der Oberst Heinz Heckermann und sein Adjutant Jörg Bessert. Dirk Mittelstädt und Markus Schönauer wurden als Platzmeister, Jörg Wallis als Kassierer und Burkhard Schneider und Rebekka Evertz als Beisitzer bzw. Beisitzerin gewählt. Damit kam zum ersten Mal eine Frau in den Vorstand. Letztlich sei noch vermeldet, dass Daniel Beck und Ralf Schmitz weiter ihr Amt als Jungschützenvertreter bekleiden. Es überrascht nicht - darf aber hier abschließend als Höhepunkt dieser Generalversammlung berichtet werden -, dass schließlich der scheidende 1. Chef, Simon Mellmer, unter lang anhaltendem Beifall zum Ehrenchef ernannt wurde.

## 6.: Amtszeit Heinz-Dieter Werner

Der Darstellung dieses letzten Zeitabschnittes von Herbst 2007 bis Herbst 2016 liegen Quellen in einem Umfang von rd. 340 Seiten zugrunde: Das sind die einzelnen vom 1. Chef abgegebenen Jahresberichte und die Protokolle der Erweiterten Vorstandssitzungen (in der Regel drei pro Jahr) und der Generalversammlungen (GV). Da ist es natürlich schwer, die richtige Auswahl zu treffen und Wichtiges von Unwichtigem zu trennen, was letztlich unmöglich ist, denn aus der Sicht des Vorstands, der einzelnen Schützenmitglieder und des außenstehenden Verfassers gibt es keinen objektiven Maßstab für „wichtig" und „unwichtig". So bleibt auch die Geschichte der neun Amtsjahre von Heinz-Dieter Werner (HDW) als 1. Chef zwangsläufig lückenhaft. Aber die Alternative wäre, ganz auf die Darstellung der Geschichte des Heerdter Schützenvereins zu verzichten. Aber das ist ja wohl auch nicht erstrebenswert!

Gehen wir chronologisch vor! Im Frühjahr 2008 taucht der Vorschlag zur Bildung eines Amazonencorps auf; schon bald gibt es 11 Interessentinnen. Finanzielle Sorgen bereitet dem Verein die Notwendigkeit der Erneuerung des Leitungssystems auf dem Schützenplatz; aber manches kann dann in Eigenleistung erledigt werden, so dass sich die Gesamtkosten im Rahmen halten und der Vorgang noch vor Beginn des Schützenfestes abgeschlossen ist. Peter Jung erläutert detailliert sein Werbekonzept für den Verein, betont die Wichtigkeit von Wiedererkennungsmerkmalen und stellt die

Möglichkeiten der Werbung bei der Herstellung von Identifikation der Schützen, aber auch der Heerdter Bevölkerung mit dem Verein heraus. Kritisch blickt HDW auf das Schützenfest zurück: „Die Spaßparade am Dienstag hat ein Niveau erreicht, die unseres Regiments nicht würdig ist." Auch in späteren Jahren appelliert er daran, es mit den Verkleidungen nicht zu weit zu treiben. René Lörper berichtet, dass das neue Heerdter Fanfarencorps z. Zt. 25 Mann stark sei; bis zum Schützenfest soll es auf 40 Aktive anwachsen, die sich dann erstmalig in der Öffentlichkeit präsentieren werden. Dirk Pretzer wird als erster Heerdter Regimentskönig Stadtkönig von Düsseldorf. Jungschützenkönig ist Max Mockel von den *Schwarzen Husaren*, Schützenkönig Helmut Müller von den *„Negern"*. Auf der GV wird Peter Jung unter großem Beifall zum Protektor des Vereins ernannt.

Im Jahre 2009 werden das *Amazonencorps* und das *Fanfarencorps* in den Schützenverein integriert; das sich *Black Lions* nennende *Fanfarencorps* wird vor der Parade auf der Rheinallee eine Musikshow präsentieren. Die Schützen nehmen aktiv teil an der Feier aus Anlass der 100jährigen Eingemeindung der linksrheinischen Stadtteile nach Düsseldorf am 1.4.1909. Das Auf und Ab des Vereins erkennt man auch daran, dass zwar einerseits wegen der gestiegenen Zahl der Schützen (zwei Corps!) das Festzelt größer ausfallen wird als in den vergangenen Jahren, andererseits sich aber die Gesellschaft *Schützenlust* aufgelöst hat. Manchmal muss man weit nach vorne blicken: Für die geplante 450-Jahr-Feier in 2023 wird bereits jetzt ein Fonds eingerichtet, dem jährlich ein bestimmter Betrag zufließen soll. Daneben gibt es einen Sozialfonds für bedürftige Mitglieder: Er konnte inzwischen weiter aufgestockt werden. Ein Benefizkonzert, an dem auch das *Tambourcorps*, das *Blasorchester* und das *Kellerorchester* beteiligt waren, erbrachte nach Abzug der Kosten einen Überschuss, der für die Renovierung des Kinderspielplatzes am Krankenhaus bestimmt ist. Besondere Auszeichnungen sollen auch erwähnt werden: Ernst Kuttenkeuler wird für seine 50jährige Zugehörigkeit zum Verein geehrt; und Günter Linde erhält die Goldene Ehrennadel. Marcel Anders wird Jungschützenkönig, Dirk Mittelstädt Regimentskönig.

Dieter Krieger wiederholt seinen früheren Vorschlag, einen Maibaum aufzustellen. Der Protektor Peter Jung hat durch Großplakate und Internetwerbung eine größere Aufmerksamkeit für den Verein erreicht. Es gibt leider immer wieder – auch zukünftig – Probleme mit den Schaustellern auf dem Kirmesplatz, die ihre Zusagen nicht einhalten oder ihre Buden zu früh abbauen. Das führt zu Überlegungen, die Kirmes zukünftig zu verkleinern. Es taucht außerdem die Frage auf, ob man wegen des schlechten Besuchs in Zukunft auf den Kirmesfreitag verzichten soll. Noch einmal erinnert HDW daran, dass die Dienstagsparade kein „Karnevalszug" sei; Humoristisches sei in den Grenzen, die das Schützenwesen thematisieren, erlaubt. Bei den *Black Lions* scheint eine Krise ausgebrochen zu sein, die zu einem erheblichen Rückgang ihrer Mitgliederzahl führt. Günther Vishers wird wegen seiner Verdienste zum Ehrenmitglied des Vereins ernannt. Große Trauer herrscht, als der verdiente Ehrenchef Helmut Wolf im November 2010 im Alter von 86 Jahren verstirbt. Für ihren Beitrag zum Fackelzug erhalten die *„Neger"* den 1. Preis. Denny Schmied wird Jungschützenkönig, Dirk Mäschig Schützenkönig. Die Vorstandswahlen bringen folgendes Ergebnis: HDW 1. Chef, kein Kandidat für den 2. Chef (Robert Hansen kandidierte nicht mehr), Schatzmeister Andreas Bahners, 1. Schriftführer Eddy Neuhofen, Oberst Heinz Heckermann. Auf dieser GV wird die Frage gestellt, ob man nicht mehr Kutschen einsetzen könne, damit ältere, verdiente Kameraden am Zug teilnehmen können; man findet hierzu eine Kompromisslösung. Später wird dann mehrfach eher wegen der anzustrebenden Kostensenkung darüber diskutiert, ob man nicht die Anzahl der Kutschen reduzieren könne. Da allgemein zu verspüren ist, dass man die Attraktivität des Vereins und des Schützenfestes erhöhen müsse, kommen Vorschläge auf wie das Abhalten eines Tanzes in den Mai und die Unterstützung beim Pfarrfest. Andere Stimmen werden laut, die vor zu viel Aktivitäten warnen (Verzettelung!) und darauf hinweisen, dass selbst für das doch wichtige Martinsfest kaum mehr als drei Schützen als Helfer/Begleiter zu aktivieren seien (unabhängig von der ohnehin eingeplanten *Wildschütz*-Kompanie, die für organisatorische Fragen und das große Feuer auf dem Simon-Gatzweiler-Platz zuständig ist).

Immer wieder muss man natürlich über die Qualität des Programms für die Feiern im Festzelt diskutieren; aber das Ganze kann nicht losgelöst von den Kosten und von der „Schallgrenze" der Eintrittspreise gesehen werden. Die Schützen beteiligen sich an der Verabschiedung von Pfarrer Herbert Schlömer, der in den verdienten Ruhestand geht und dann in seine Heimatstadt umzieht. Zur Eigendarstellung des Vereins gibt es jetzt einen Schaukasten am Haus Hymgasse 1. Auch die Beteiligung der Schützen am Pfarrfest war ein voller Erfolg und wurde vielfach gelobt. Es gibt natürlich einen Zusammenhang zwischen nicht eingehaltenen Zusagen von Schaustellern, dem frühen Abbau von Karussells und dem schwach besuchten Heimatabend einer- und dem Termin des Schützenfestes andererseits: Es lag mitten in den Sommerferien. Eine Diskussion über die Verlegung in den Mai (Ende) bzw. Juni (Anfang) verläuft ergebnislos im Sande. Da sich der *Bürgerverein Handweiser* auflöst, erhält der Schützenverein von dort eine ansehnliche Spende. HDW wird immer wieder in besonderer Weise sich bei Heribert

Schneider für das Schützenheft und die Gestaltung der Internetseite, bei den für das Einholen der Anzeigen Verantwortlichen und bei den Jungschützen für die Verteilung von fast 4.000 Exemplaren bedanken. Für Ihren Fackelzug-Beitrag erhält die Gesellschaft *Alte Freunde* den 1. Preis. Jungschützenkönig wird Henry Rund, Schützenkönig Michael Plum. Immer wieder – und in der Zukunft verstärkt – macht HDW auf die Altersstruktur des Vereins aufmerksam und wirbt um neue Mitglieder. Hoffnungsfrohe Zeichen kommen von den Jungschützen und den Pagen. Heinz Heckermann wird auf dem Schützenfest zum Goldnadelträger ernannt. Willi Wengler, der dankenswerterweise eine Woche vor Schützenfest seine Bereitschaft zur kommissarischen Übernahme des Amtes des 2. Chefs erklärt hat, wird in dieser Funktion bis November 2013 gewählt. Immer wieder müssen Verbesserungen überlegt, diskutiert und beschlossen werden, so z.B. auch anhand des Vorschlags, das weltliche Titularfest anders zu gestalten, und zwar durch ein Schützenbiwak am „Mösche"-Sonntag. Die Frage nach dem richtigen Zeitpunkt des Schützenfestes wird wieder aufgegriffen, indem man überlegt, die Termine des Heerdter, Löricker und Niederkasseler Schützenfestes „rotieren" zu lassen; aber das erscheint unrealistisch. Erstmalig kommt die Idee auf, den Kirmesdienstag ganz entfallen zu lassen, was anderen wiederum problematisch zu sein scheint wegen des vertraglich vereinbarten Mindestbierumsatzes.

Zur Aktivierung der Jüngeren gibt es in 2012 wieder einen Malwettbewerb in Zusammenarbeit mit der SSK, einen Pagenausflug zu einem Freizeitpark und die Teilnahme der Kindergartenkinder am Schützenzug nach Beendigung der Parade. Andererseits fragt HDW: Passt der Fackelzug noch in die heutige Zeit? Erstens sei es beim Abmarsch noch hell, und zweitens machen die wenigsten Kompanien noch Großfackeln. Für grundsätzliche Veränderungen des Schützenfestes wird ein Ausschuss aus Vertretern des Vorstands und einzelner Kompanien gebildet, um ein neues Gesamtkonzept zu erarbeiten und der nächsten GV zu präsentieren. Wieder ist ein langjähriger und verdienter Schütze von uns gegangen: der Ehrenoberst Herbert Frings. Der Rückblick auf das Schützenfest ergibt: Wegen der tropischen Temperaturen war der Bierumsatz beim Schützenfest um rd. 50% geringer als im Vorjahr; auch gab es weniger Zuschauer am Straßenrand; außerdem sei das weltliche Titularfest am Kirmesfreitag weniger angenommen worden. Pokale, die nicht mehr denselben Anklang finden wie früher, sollen durch Namensplaketten auf einer Holztafel ersetzt werden. HDW erläutert das vom oben genannten Ausschuss erarbeitete neue Konzept für den Ablauf des Schützenfestes ab 2013, das von der GV angenommen wird. Auch in diesem Jahr hat die Hubertuskompanie wieder das Pfarrfest kräftig unterstützt. Der Dank des Vereins geht auch wieder an Heribert Schneider für ein inzwischen 198 Seiten starkes Schützenheft und für die Internetseite des Vereins: Bis zum 4.11.2012 gab es rd. 1,5 Millionen Zugriffe! Wieder erhalten die „Neger" den ersten Preis für ihre Fackel. Daniel Kiefer ist Jungschützenkönig, sein Vater Frank Schützenkönig.

Wieder muss der Verein im Jahre 2013 auf ein langjähriges Mitglied und einen hoch verdienten Schützen verzichten: Günther Kesseler ist verstorben. Außerdem muss HDW dem Vorstand mitteilen, dass es aufgrund interner Probleme bald kein Fanfarencorps mehr geben werde. Er erinnert noch einmal an die Überalterung der Vereinsmitglieder, denen unbedingt Jüngere sich hinzugesellen sollten. Ratsherr Giuseppe Saitta wird Ehrenmitglied des Vereins. Der Rückblick auf das Schützenfest fällt allgemein positiv aus: Es gebe ein neues „Gefühl", weil das Antreten nicht mehr auf der Eupener Straße war, sondern Am Mühlenberg, und weil es keinen Fackelzug mehr gab. Und der Zapfenstreich fand erstmalig am Hanns-Heuer-Platz statt. All das kam bei den Schützen und der Bevölkerung genau so gut an wie der Mundart-Gottesdienst: Die Kirche war voll! Kira Gläser wird Jungschützenkönigin, und Lothar Gläser Schützenkönig. Der Bürger- und Schützentreff hatte nicht die erwartete Resonanz; wogegen das Königsbiwak am Nikolaus-Knopp-Platz ein voller Erfolg war.

Der jährliche Bericht des Schatzmeisters bildet die „Höhen" und „Tiefen" des Vereins ab: Es wird beispielsweise positiv vermerkt, dass das jährlich erscheinende Schützenheft eine nicht unerhebliche Rolle für die Finanzierung der Vereinsaktivitäten spielt. Andererseits ist festzustellen, dass früher die Verträge mit den Schaustellern Geld einbrachten, während „man heute fast Geld zahlen muss, damit sie überhaupt kommen". Diese wohl bewusst überspitzte Formulierung spiegelt sicher den aktuellen Trend wider. Daher kommt man nach 10 Jahren „Stillstand" nicht mehr an einer Beitragserhöhung für die Vereinsmitglieder vorbei. Einsparungen bei den Kutschen sind in der Praxis nicht sinnvoll, weil hier immer ein vertragliches „Gesamtpaket" vorliegt, das aufzuschnüren keinen Vorteil hätte. Eine positive Außenwirkung hat seit Jahren der schöne Brauch, dass sich das jeweilige Regimentskönigspaar für ein soziales Projekt engagiert: So wird deutlich, dass man sich der Anfänge des Vereins im späten 16. Jahrhundert nicht nur erinnert, sondern die ursprünglichen Ziele auch in die Tat umsetzt. Gleiches gilt ja auch für die Schützenmesse, deren Kollekte dem Gefängnisverein zugute kommt, wofür Pfarrer Reiner Spiegel sich immer herzlich bedankt. Die Wahl des Geschäftsführenden Vorstands bestätigt für drei weitere Jahre das aktuelle, eingespielte Team.

König Lothar Gläser präsentiert ein Konzept für eine größere Beteiligung der Bevölkerung am Schützenfest und auf dem Schützenplatz; er stellt außerdem die Verlosung eines Smart in Aussicht. HDW spricht die von Heribert Schneider neu gestaltete Internetseite mit vielen alten und aktuellen Fotos an; auch Zeitungsartikel seien für diese öffentliche Darstellung des Vereins willkommen. In zwei bis drei Jahren soll in Zusammenarbeit mit der SSK eine entsprechende Ausstellung stattfinden. Die Verlosung des Smart am Schützenfest war ein großer Erfolg; dies gilt auch für das Biwak am Nikolaus-Knopp-Platz, für das wohl wegen des geplanten Baus der Hochbahnsteige bald ein anderer Ort gefunden werden muss. Wegen mangelnder Beteiligung muss in Zukunft das Bürgervogelschießen entfallen, der Tanz in den Mai ebenso. Wegen der kostspieligen Programmpunkte am Heimatabend regt HDW an, ob die eine oder andere Kompanie nicht etwas in Eigenleistung gestalten könne. Die Ankündigung des Innenministeriums, keine Polizei mehr für den Martinszug abzustellen, irritiert nicht nur die Martinsfreunde, sondern auch die Schützen, die jetzt verstärkt in die Pflicht genommen werden. Martin Schoen ist neuer Jungschützenkönig, Thomas Schmied der neue Schützenkönig. Eine novellierte Schießstandabnahmeverordnung ist in Kraft, mit der Harald Kontny in gewohnter Weise sich souverän – und für den Verein erfolgreich – auseinandersetzt. Leider muss HDW abschließend feststellen, dass Pressemitteilungen immer seltener unterzubringen sind, weil die Lokalredaktionen der einzelnen Stadtteile zusammengelegt wurden. Die schönen Zeiten, als es noch den monatlichen Linksrheinischen Blickpunkt gab und zusätzlich die Stadtteilbeilagen der Tageszeitungen (z.B. „Bei uns" der RP), sind leider vorbei.

Nach dem Erfolg mit der Smart-Verlosung wird mithilfe von Sponsoren beim diesjährigen Schützenfest ein Reisegutschein verlost; eine Beteiligung wird ermöglicht über an Fahrgeschäften zu kaufende Karten, so dass die Kirmes als solche auch hiervon profitieren kann und an Attraktivität gewinnt. Nach einem „Schmück"-Plan von Andreas Bahners sollen sich alle Kompanien daran beteiligen, dass am Schützenfest die zahlreichen Heerdter Straßen, durch die der Zug zieht, im Fähnchenschmuck glänzen. Außerdem schlägt er vor, eine Liste zu erstellen, aus der hervorgeht, wer im Verein welche handwerkliche Fähigkeit hat: Das soll weder zu einer kostenlosen Nachbarschaftshilfe noch zu Schwarzarbeit führen, sondern Ziel dieser Aktion ist es, Arbeiten nach Möglichkeit durch Vereinsmitglieder ausführen zu lassen. Zum besseren Kontakt mit der Presse wurde zu einer Pressekonferenz eingeladen, bei der aber nur zwei der 15 Eingeladenen erschienen. HDWs Appell vom letzten Jahr war von Erfolg gekrönt: Die Programmpunkte der Heerdter Gesellschaften (*Hubertus* und *Wildschütz*) im Festzelt waren eine Bereicherung des Schützenfestes. Am Montagabend war das Zelt lange voll geblieben, was an dem tollen Programm lag. Genau so erfolgreich waren Schützenzug und Parade, die von fünf Bataillonen gestaltet wurden. Auch der Bierumsatz erreichte fast wieder seine traditionelle Höhe, so dass von hier aus keine Finanzierungslücken entstanden. Wegen der großen Akzeptanz des diesjährigen Schützenfestes muss das Zelt im nächsten Jahr um ein Feld erweitert werden. Während das *Blasorchester* einen Aufruf startet, um für jüngeren Nachwuchs zu sorgen, kann HDW den Jungschützen ein großes Lob aussprechen. Ein positives Echo hat dieser Dank des 1. Chefs in der Tatsache, dass die Sammlung für die Kasse der Jungschützen höchst erfolgreich war. Stolz stellt HDW fest, dass das Schützenheft – inzwischen in Buchstärke – quantitativ wieder zugelegt hat: es umfasst inzwischen 214 Seiten. Der Schmückplan des Schatzmeisters ist voll verwirklicht worden, so dass fast alle Straßen festlich aussahen. Gideon Gläser ist Jungschützenkönig, Bernhard Cürten Schützenkönig. Die „Hubertus-Rocker" werden für ihren Beitrag am Heimatabend ausdrücklich gelobt. Stephan Mirbach von der gleichnamigen Kompanie ist der Gewinner des Reisegutscheins. Nach 81 Jahren Aktivität hat sich die Gesellschaft *Scheibenschützen* aufgelöst, was mit allgemeinem Bedauern zur Kenntnis genommen wird. Es wird noch einmal darauf hingewiesen, dass man in acht Jahren das 450jährige Bestehen des Vereins in besonderer Weise feiern wolle. Mithilfe des Protektors und Dritter sind Aktivitäten für den Erhalt und für das Heranziehen von Nachwuchsmusikern gestartet worden, die das *Blasorchester* dringend benötigt. Letztlich steht noch die offene Frage im Raum, wo die Vereinsfahnen der aufgelösten Kompanien aufbewahrt werden. HDW verweist darauf, dass der Verein seit längerer Zeit ein Archiv suche, aber noch nicht fündig geworden sei. Nachzutragen ist noch, dass Andreas Bahners ankündigt, dass die Bilder der Kompaniekönigspaare vom nächsten Jahr an im Zelt per Beamer auf eine große Leinwand projiziert würden.

Es gibt immer wieder kleine Ärgernisse, die man nicht alle aus der Welt schaffen kann: So wird es in diesem Jahr weder einen Autoscooter noch größere Fahrgeschäfte auf der Kirmes geben. Zum Erscheinungsbild der Schützen in der Öffentlichkeit mahnt HDW an, dass bei entsprechenden Temperaturen die Uniformen wenn nicht komplett, dann doch wenigstens einheitlich getragen werden sollen; das sei eine akzeptable Marscherleichterung. Der Jungschützenabend findet leider letztmalig statt, weil die meisten die Altersgrenze erreicht haben und bei vielen inzwischen die entsprechende Motivation fehlt. Dafür gab es aber einen sehr schönen Abschiedsabend. Nach den erfolgreichen Verlosungen bei den letzten Schützenfesten gibt es diesmal ein VIP-Wochenende für zwei Personen für das Münchener Oktoberfest zu gewinnen.

Diverse kritische Gesichtspunkte wurden vorgetragen: Für den Rückgang des Bierumsatzes macht man hauptsächlich die sehr schlechte Bedienung verantwortlich, die z.T. durch Eigeninitiative einzelner Schützen kompensiert wurde. Andreas Mirbach bemängelt den Zustand des Schützenplatzes und vor allem die geringe Zahl der Schausteller, was natürlich nicht attraktiv für die Bevölkerung sei; das Ganze stelle eine negative Spirale dar, denn die mangelnde Publikums-Beteiligung führt wiederum zum Rückgang von Buden und Fahrgeschäften. Kann man das Zelt vorziehen, d.h. den Platz objektiv verkleinern, um ihn subjektiv voller zu machen? Außerdem sollen die Schützen selbst eine erhöhte Präsenz auf dem Schützenplatz zeigen: Wenn z.B. das Königsschießen um 14 Uhr beginnt, tauchen die letzten Schützen erst gegen 17 Uhr auf. Andreas Bahners weist darauf hin, dass mehr als 1.000 Kinder am diesjährigen Martinszug teilnehmen werden und appelliert an die Schützen, den Martinsfreunden dringend zu helfen. Die Diskussion um die sogenannte „Reichskriegsflagge", die kurz und heftig durch die Presse ging, wird beendet mit der Versicherung, diese Fahne nicht mehr in der Öffentlichkeit zu zeigen: Die Marinekompanie wird eine neue Flagge entwerfen lassen und sie im nächsten Jahr im Schützenzug präsentieren. Die Alten Freunde („Neger") nennen sich ab sofort „4. Grenadiere". Der Ehrenbaas der Düsseldorfer Mundartfreunde, Engelbert Oxenfort, hatte die Schützen eingeladen, sich vorzustellen: Die Heerdter nahmen mit großer Abordnung teil und konnten so ein überaus positives Image abgeben. Martin Frenzke ist neuer Jungschützenkönig, Denny Schmied neuer Schützenkönig. Der Hauptpreis der Verlosung, nämlich das VIP-Wochenende, geht an den Fidelen Andreas Kontny. Zur diesjährigen GV ist eine große Zahl von Mitgliedern erschienen, da u.a. Neuwahlen anstehen. Aber zuerst einmal kann HDW verkünden, dass der Regimentskönig dem Martinsverein eine Spende überreicht hat. Was die Neuwahlen betrifft, so hatte Andreas Bahners schon im Vorfeld wissen lassen, dass er nach 15jähriger Tätigkeit nicht mehr als Schatzmeister kandidieren, sondern sich um das Amt des 1. Chefs bewerben werde; einen entsprechenden Rückzieher hatte HDW bereits für sein Amt gemacht. Andreas Bahners wird einstimmig und unter großem Beifall zum neuen 1. Chef gewählt. Seine erste Amtshandlung ist der mit viel und lang anhaltendem Beifall begleitete Dank an HDW und auch an den Oberst Heinz Heckermann, der ebenfalls nicht mehr kandidiert: Beiden hat der Verein sehr viel zu verdanken! Lothar Gläser wird zum 2. Chef gewählt. Andreas Bahners dankt ausdrücklich Willi Wengler für seine damalige Bereitschaft, eine Woche vor dem Heerdter Schützenfest kommissarisch die Kette des 2.

Chefs zu tragen, und vor allem natürlich für seinen unermüdlichen Einsatz in den abgelaufenen fünf Jahren. Auch ihm spenden die zahlreichen Schützen großen Beifall. Herbert Kögel wird für Andreas Bahners als Schatzmeister gewählt, Michael Plum für den ausscheidenden Heinz Heckermann zum Oberst. Der einzige Schütze des Geschäftsführenden Vorstands, der wiedergewählt wird und somit in seinem Amt bleibt, ist der Schriftführer Eddy Neuhofen. Mit dieser Wahl ist nicht nur eine neunjährige Chef-Regentschaft zu Ende gegangen, sondern durch einen deutlichen Generationswechsel auch ein Neuanfang eingeleitet worden, bei dem mit zündenden Ideen und frischem Elan zielstrebig und optimistisch auf die 450-Jahr-Feier losmarschiert werden kann.

Gibt es ein Fazit? Aufgrund der durchgesehenen Protokolle und Jahresberichte kann man als Historiker sicherlich zu folgendem (Zwischen-)Ergebnis gelangen:

Der Heerdter Schützenverein zeichnet sich durch drei Qualitätsmerkmale aus, die schlagwortartig wie folgt benannt werden können: ideelle und personelle Kontinuität, historisches Bewusstsein und soziokulturelle Mission. Die ideelle Kontinuität konnte der Verfasser am Beispiel der großen geplanten bzw. auch durchgeführten Jubiläumsfeiern (1914, 1924, 1937, 1973) und der Ordensverleihungen für eine langjährige Vereinszugehörigkeit zeigen, bei der ganz bewusst auch die Jahre, in denen das Vereinsleben kriegsbedingt ruhte, mitgezählt wurden. Konsequenterweise wurde das Wiedereinsetzen der Aktivitäten nach den beiden Weltkriegen immer als Versuch des Anschlusses an die Vorkriegszeit verstanden. Die personelle Kontinuität wird deutlich an vielen Namen der aktiven Mitglieder. Mit historischem Bewusstsein bzw. historischer Verantwortung sind Haltung und Einstellung des Vereins während der unterschiedlichen Phasen der neueren deutschen Geschichte und auch im nachhinein gemeint: zum einen der totalitäre Abschnitt nach 1933, zum anderen die Kaiserzeit und die demokratischen Epochen der Weimarer Republik und die Zeit seit dem Ende des Zweiten Weltkrieges. Die soziokulturelle Mission oder Funktion des Schützenvereins hat es immer gegeben, jedoch ist sie wohl nie so deutlich thematisiert worden und ins Bewusstsein der Schützen und der am Schützenleben Interessierten gerückt wie seit den 90er Jahren. Die Fragen „Wer sind wir?", „Wo stehen wir"?, „Was wollen wir?" und „Wohin gehen wir?" sind typisch für die Reflexion über das Selbstverständnis des Vereins, die immer wieder neu in eine überzeugende Analyse der Rolle und Aufgabe der Schützen in unserer heutigen Gesellschaft mündet.

Diese Fragen waren in den 50er und 60er Jahren des letzten Jahrhunderts noch relativ leicht zu beantworten, wenn sie denn überhaupt gestellt werden mussten. Viele Entwicklungen, die primär gar nicht vom Schützenverein ausgingen und für die er nicht verantwortlich ist, haben diese Fragen nach dem Sinn und Zweck und nach dem Selbstverständnis des Schützenvereins aufkommen lassen, da er – genau wie alle anderen gesellschaftlichen Gruppen und Vereine, wie die Parteien, Gewerkschaften und Kirchen – bestimmten Einflüssen unterliegt: abnehmende persönliche und soziale Bindungen; anhaltende Tendenz der Trennung von Wohnung und Arbeitsplatz; erheblich gesteigerte räumliche Mobilität; Auflösung der Dorfgemeinschaft; Infragestellung von Bräuchen, Gewohnheiten und Werten; Konkurrenz mit ungezählten anderen „Events" und Freizeitangeboten; neue ethnische, kulturelle und religiöse Begegnungen aufgrund fallender Grenzen und nachhaltiger Migrationsströme; begrenzte Möglichkeiten bei der Integration der zahlreichen und auf Dauer ansässig werdenden Zugezogenen; weltweite Kommunikation und vieles andere mehr. Dadurch stehen Schützenvereine besonders in (Groß-) Städten (Neuss bildet hier eine rühmliche Ausnahme) und in deren Stadtteilen nicht mehr wie früher im Zentrum, sondern haben für Außenstehende an Magnet-, Unterhaltungs- und Identifikationscharakter verloren. Fraglich ist, inwieweit Schützenvereine heute noch ein Abbild der Sozialstruktur ihres Ortes bzw. Stadtteils sind. Leider gibt es gelegentlich auch den einen oder anderen Vorfall (wie z.B. in einem Düsseldorfer Stadtteil, in dem der Weg des Schützenzuges wegen des Verhaltens Dritter verändert wurde; oder ein über die Maßen eskalierter, - Gott sei Dank – nur kurzer Streit um eine alte, viele Jahrzehnte unumstrittene Fahne), der einen Schützenverein sogar in die Defensive drängt oder ihn unter Legitimationsdruck setzt. Als viele Schützenvereine in der frühen Neuzeit entstanden, übernahmen sie in der Tat eine defensive, d.h. schützende Funktion: Physischer Schutz – wenn es sein musste, mit Waffengewalt – gegen Angreifer von außen, marodierende Söldner oder sonstige Bedrohungen. Seitdem es das Gewaltmonopol des Staates gibt und Polizei und Militär den Schutz vor physischer Gewalt übernommen haben, ist diese defensive Aufgabe des Beschützens als einer der ursprünglichen Zwecke der Schützenvereine entfallen. Bei Paraden und Umzügen mitgeführte, unscharfe Waffen haben daher nur noch symbolischen Wert; und Uniformen und Orden tragen ja ebenfalls die genau so friedfertigen Karnevalisten, wenn auch aufgrund einer anderen Tradition: Sie traten nicht an die Stelle der fehlenden oder versagenden Obrigkeit, sondern richteten sich – kritisch, ironisch, sarkastisch - gegen sie.

Aufgrund dieses hier nur kurz angedeuteten gesellschaftlichen Entwicklungsprozesses mit nachhaltigen Konsequenzen für das Vereinsleben im allgemeinen und für Schützenvereine im besonderen hat gerade auch bei den Heerdter Sebastianern rechtzeitig ein Umdenkungs-, ja vielleicht sogar ein Erneuerungsprozess stattgefunden - der noch nicht abgeschlossen zu sein scheint – mit dem Ziel, sich anders als früher in der Öffentlichkeit zu präsentieren und neue Aufgaben (die, wie z.B. das soziale und karitative Engagement, übrigens bis zu den Ursprüngen des Vereins im 16. Jahrhundert zurückverfolgt werden können) zu übernehmen, auch um Jugendliche anzusprechen, sie zu integrieren und ihnen ein Stück Heimat und damit Identität zu vermitteln. Dabei werden auch hin und wieder Experimente gemacht, die vielleicht nicht sonderlich überzeugen und daher bald wieder fallen gelassen werden. Auch den kühnen Schritt zur rechtzeitigen Ablösung von Vorstandsmitgliedern wagt man, um so generationenübergreifend die Jüngeren verantwortungsvoll einzubinden und von ihnen Neues zu lernen und mit ihnen zu erproben, ohne auf die Erfahrung der Älteren zu verzichten. Aufgreifen sollte man auch Initiativen von außen, die Mut machen und das Schützenwesen überzeugend in die heutige Zeit einordnen, wie dies z.B. dem Bischof Heiner Koch in seiner Predigt beim Gottesdienst der Löricker Schützen am 7. August 2016 gelang, als er das Motto „Glaube – Sitte - Heimat" mit sehr persönlichen Beispielen erläuterte, offensiv vertrat und so den Schützen den Weg wies, den es einzuschlagen gilt.

Was jedoch eine Gesamteinschätzung betrifft, so will der Verfasser eine solche demjenigen vorbehalten, der einmal unter Hinzuziehung der in der Einleitung genannten Quellen, die über die Vereinsprotokolle und über diverse Berichte hinausgehen, die große Vereinsgeschichte schreiben wird. Nur so viel sei zum Schluss gesagt: Neben der katholischen Kirche ist der Heerdter Schützenverein die älteste Institution im linksrheinischen Düsseldorf. Diese Tradition verpflichtet. Aber Tradition[49] sollte nicht als statischer, sondern auf der Grundlage der im vorigen Absatz entwickelten Gedanken als dynamischer Begriff verstanden werden. Das meint wohl das bekannte Wort, nach dem Tradition nicht das Aufbewahren der Asche, sondern das Weitergeben des Feuers ist.[50]

[1] Vgl. Norbert Schlossmacher, Die Anfänge des Heerdter Schützenwesens, in: Bürgerverein Heerdt (Hg.), Heerdt im Wandel der Zeit II, Düsseldorf 1980, S. 41-49; Ulrich Brzosa, Die Geschichte der katholischen Kirche in Düsseldorf, Köln 2001, S. 412-438, hier S. 432-434; Hans Mosler, Aus der Vergangenheit des linksrheinischen Düsseldorf, in: Düsseldorfer Jahrbuch 24 (1911), S. 147-204, hier S. 191-193.

[2] In dem Buch Düsseldorf (linksrheinisch) in alten und neuen Tagen, 1931 vom Verkehrs- und Verschönerungsverein für den linksrheinischen Teil der Stadt Düsseldorf e.V. herausgegeben, befindet sich auf den Seiten 70-74 neben einer kurzen Einleitung nur eine statistische Übersicht. In der von Karl Bernd Heppe 1983 verfassten Düsseldorfer Schützengeschichte gibt es nur ein paar dem Aufsatz von Schlossmacher – s. Anm. 1 – entnommene Hinweise. Dies gilt auch für die von der Stadtsparkasse Düsseldorf herausgegebene Broschüre St. Sebastians Schützenverein Düsseldorf 1316 e.V. Eine Chronik zum 675jährigen Bestehen, Düsseldorf 1991. Die immer noch beste Abhandlung zur Gesamtthematik von Walter M. Plett, Die Schützenvereine im Rheinland und in Westfalen 1789-1939, Köln 1995 – eine 745 Seiten umfassende, an der Universität Köln entstandene Dissertation – kann sich naturgemäß nicht mit der Geschichte eines einzelnen Vereins befassen. Aus ihr geht übrigens nicht hervor, dass sich Plett der Quellen bediente, die die Grundlage des vorliegenden Aufsatzes bilden.

[3] Vgl. dazu Georg Spickhoff, 500 Jahre St.-Sebastianus-Schützenverein Düsseldorf 1435-1935, in: Schützenzeitung 18 (1966), S. 74-83 und 103-112; Paul Klees/Karl Ludwig Zimmermann, Die Sebastianer blieben sich selber treu. Ein Rückblick auf die wechselvollen letzten drei Jahrzehnte, ebd., S. 188-254.

[4] Da dem Verfasser das Original der Satzungen von 1905 vorliegt und er – abweichend von seinem Prinzip, nur die Protokollbücher zu verwenden – darauf rekurriert, umfasst dieser Beitrag den Zeitraum von 1905-2007, also etwas mehr als 100 Jahre, wie der Untertitel bereits ankündigt.

[5] Dazu gehören z.B. auch Festschriften der einzelnen Gesellschaften und ähnliche Publikationen. Der Verfasser ist – um nur **ein** konkretes Beispiel zu nennen – im Besitz einer von der 1925 gegründeten Gesellschaft *Fidele Schützen* herausgegebenen Broschüre, die unter dem Titel „Fest- und Gedächtnisschrift zur Fahnenweihe verbunden mit Gefallenen-Ehrung am 6. Mai 1928" erschien. Sie umfasst einschließlich Anzeigenteil 74 Seiten. Wenn man bedenkt, dass dort 144 im Ersten Weltkrieg gefallene Soldaten namentlich aufgeführt werden, dann muss man wohl davon ausgehen, dass es sich dabei nicht ausschließlich um Mitglieder des Heerdter Schützenvereins handelte, sondern generell um Heerdter Bürger. So weist die Broschüre auf ihrem Titelblatt darauf hin, dass die geplante Fahnenweihe verbunden wird mit einer „Ehrung der im Weltkriege 1914-18 fürs Vaterland Gefallenen unseres Stadtteils".

[6] So kann der aktuelle Vorstandsvorsitzende Andreas Bahners – aktiver Schütze in der 5. Generation – darauf verweisen, dass bereits sein Urgroßvater (1896), sein Großvater (1938) und zwei Vorfahren seiner Großmutter (1864 und 1882) Heerdter Schützenkönige waren und vier weitere (wenn auch weitläufige) Verwandte im benachbarten Büderich im 19. bzw. 20. Jahrhundert dieselbe Würde erlangt hatten.

[7] Da der ursprüngliche Schützenverein die gesamte selbständige Gemeinde Heerdt umfasste, muss man für die Teile Oberkassel, Niederkassel und Lörick von einer Neugründung sprechen. Diese erfolgte laut VVV-Broschüre (s. Anm. 2) 1869 in Lörick, 1879 in Oberkassel und 1890 in Niederkassel. Zum Zeitpunkt der Publikation dieser Schrift – d.h. 1931 – umfasste der Heerdter Schützenverein 12 Kompanien. Protektor der Heerdter Schützen war seit 1903 der ehemalige Bürgermeister Nikolaus Knopp. Aufgrund einer in Heerdt im Wandel der Zeit VI – 2005 vom Bürgerverein Heerdt herausgegeben – auf S. 129 abgedruckten

Anzeige wissen wir, dass und wo 1864 das Heerdter Schützenfest stattfand. Zu der in der Anzeige erwähnten Barriere vgl. den Aufsatz von Norbert Schlossmacher in: Bürgerverein Heerdt (Hg.), Heerdt im Wandel der Zeit V, Düsseldorf 2000, S. 173-199.

[8] Vgl. hierzu Klaus Bahners, Die Eingemeindung von Heerdt am 1. April 1909, in: Bürgerverein Heerdt (Hg.), Heerdt im Wandel der Zeit II, Düsseldorf 1980, S. 31-38, hier S. 37-38; ders., Die Gemeinderatsabstimmung über die Eingemeindung von Heerdt nach Düsseldorf, in: Heerdt im Wandel der Zeit VIII, Düsseldorf 2015, S. 55-61, bes. Anm. 12.

[9] Anscheinend war der Schießstand von den Besatzungstruppen so sehr beschädigt worden, dass er nicht mehr zu benutzen war.

[10] Oder mit anderen Zahlen: Der Index der Lebenshaltungskosten, gemessen am Stand Juni 1914 (Index: 1), belief sich im November 1923 auf 657.000.000.000.

[11] Zu Nikolaus Knopp vgl. den kurzen Beitrag in Das Tor 49 (1983), S. 184-185 und den grundlegenden Aufsatz einer seiner Enkel in Heerdt im Wandel der Zeit VII (2009).

[12] Diese wird erneut zum Tagesordnungspunkt der Versammlung vom 22.4.1926. Vgl. hierzu Nikolaus Knopp, Aus meinen Erinnerungen an die Besatzungszeit des linksrheinischen Stadtteils (1918-1926), in: Düsseldorf unsere Heimat, Heimatkalender 1941, S. 94-106. Hier heißt es auf S. 105: „Befreiungsfeier: Am 31. Januar 1926 zogen die Belgier die Fahne auf der Brücke ein und die letzten von ihnen zogen sang- und klanglos ab. Wir hielten am 7. Februar 1926 in einer inzwischen abgebrochenen riesigen Fabrikhalle zu Oberkassel eine würdige Befreiungsfeier, an der die ganze Bevölkerung teilnahm. In der Halle hatten sich mehr als 10.000 Männer und Frauen eingefunden. Wohl selten ist so tiefsinnig wie hier gesungen worden *Wir treten zum Beten vor Gott den Gerechten*." Vgl. auch G. Cepl-Kaufmann (Hg.), Jahrtausendfeiern und Befreiungsfeiern im Rheinland. Zur politischen Festkultur 1925 und 1930, 1. Aufl. Essen 2009. - Im übrigen hatte der Heerdter Schützenverein lt. Protokoll vom 29.8.1925 seinerzeit bereits 219 Mitglieder.

[13] Vgl. hierzu die Artikel 42, 43, 428 und 429 des Versailler Vertrages vom 28.6.1919: Sebastian Haffner u.a. (Hg.), Der Vertrag von Versailles, München: Matthes und Seitz 1978, S. 143-144 u. S. 367-369. Vgl. ebd. die Karte des entmilitarisierten Gebietes und der drei besetzten Zonen S. 368 u. S. 376-377. Vgl. zur Besatzung des linksrheinischen Teils der Stadt Düsseldorf und zur im Versailler Vertrag nicht vorgesehenen Besetzung des übrigen Stadtgebietes ab 1921 Peter Hüttenberger, Düsseldorf in der Weimarer Republik, in: Hugo Weidenhaupt (Hg.), Düsseldorf. Geschichte von den Anfängen bis ins 20. Jahrhundert, Bd. 3, Düsseldorf 1989, S. 263-419, hier S. 320-335.

[14] Die Gesolei von 1926 war eine berühmte Ausstellung in Düsseldorf für **Ge**sundheit, **so**ziale Fürsorge und **Lei**besübungen.

[15] Zur Veranschaulichung der Szene sei auf das Bild von Hanns Seyppel im zweiten Band der Reihe Heerdt im Wandel der Zeit, Düsseldorf 1980, dort S. 47, hingewiesen.

[16] In diesem Zusammenhang sei an die historisch-politische Grundposition des Verfassers erinnert, so wie er sie vor 25 Jahren in seiner Ansprache zum Volkstrauertag 1983 auf dem Heerdter Friedhof dargelegt hat. Vgl. dazu den Abdruck des Redetextes in Heerdt im Wandel der Zeit III, Düsseldorf 1985, S. 130-131.

[17] Vgl. dazu Peter Hüttenberger, Düsseldorf in der Zeit des Nationalsozialismus, a.a.O., S. 421-657, hier S. 457; Klees/Zimmermann, a.a.O., S. 190. Zu Albert Kanehl vgl. den kritischen Rückblick von Heinrich Nelsen, Albert Kanehl – Schützenchef von 1933-1945, in: Der Schlossturm, H. 1(2008), S.45.

[18] Dieses wird von Hitler schon sehr früh entwickelt. Vgl. dazu Adolf Hitler, Mein Kampf, Zwei Bände in einem Band. Ungekürzte Ausgabe, 753.-757. Auflage 1942, S. 378-379 (Abschnitt 9). In dem seinerzeit grundlegenden Werk Verfassungsrecht des Großdeutschen Reiches von Ernst Rudolf Huber spielt das „Führerprinzip" eine große Rolle (2. Aufl. Hamburg 1939, Kapitel IV). Hubers Interpretation wird bei Reinhold Zippelius, Kleine deutsche Verfassungsgeschichte, München (Beck'sche Reihe 1041), S. 137-144, anhand von Originalzitaten referiert. Zum „Führerprinzip" vgl. auch Hans Boldt, Deutsche Verfassungsgeschichte, Bd. 2, München 1990 (dtv 4425), S. 272-279 u. S. 284-285.

[19] Dabei handelt es sich mit an Sicherheit grenzender Wahrscheinlichkeit um die Reichstagsrede Hitlers, in der er einen Bericht über den so genannten „Röhm-Putsch" vom 30.6.1934 erstattete. Erhard Klöss, Reden des Führers, München 1967 (dtv 436), kommentiert die dort (S. 132-157) in wesentlichen Auszügen abgedruckte Rede wie folgt: „Gewiss ist diese Rede ein Paradestück der Demagogie, und für Hitlers Wesen aufschlussreich sind die Interpretationen der Details über die Röhm-Affäre. Für die politische Zukunft aber war manches gesagt worden, was viele Zeitgenossen noch in der Praxis erfahren sollten. Die Rechtsunsicherheit sollte wachsen. (...) Die ordentliche Gerichtsbarkeit war ausgeschaltet." Mit der Aufhebung der Grundrechte durch die so genannte Reichstagsbrandverordnung vom 28.2.1933, der Beseitigung der Gewaltenteilung durch das Ermächtigungsgesetz vom 24.3.1933, der diversen Gleichschaltungs-Gesetze, der Übernahme des Reichspräsidentenamtes nach Hindenburgs Tod durch Hitler und der Vereidigung der Wehrmacht auf ihn waren im wesentlichen die „Machtergreifung" abgeschlossen und die Grundlagen einer insgesamt zwölf Jahre dauernden totalitären Diktatur gelegt.

[20] Vgl. hierzu Hans-Ulrich Thamer, Verführung und Gewalt. Deutschland 1933-1945, Berlin 1986, S. 282-309.

[21] Für das Jahr 1936 stellt Hüttenberger, a.a.O., S. 502-507, die Dienststellen der NSDAP in Düsseldorf zusammen. Danach war der Sitz der Ortsgruppe Oberkassel die Schanzenstr. 25. Ihr Leiter war Julius Schecher. Oberkassel scheint synonym zu stehen für das linksrheinische Düsseldorf (Hüttenberger, ebd. S. 503). Schecher als NS-Ortsgruppenleiter begegnet uns auch an anderer Stelle: Vgl. Klaus Bahners, „Wer nicht will deichen, der muss weichen." Hochwasserschutz und Deichverband in der ehemaligen Landgemeinde Heerdt, Düsseldorf 2013, S. 27. Den genauen Nachweis über Schechers Funktion im Dritten Reich führt Joachim Lilla, Die NSDAP-Ortsgruppen im Gau Düsseldorf, in: Düsseldorfer Jahrbuch 70 (1999), S. 185-273, hier S. 219 und 272.

[22] Lt. Klees/Zimmermann, a.a.O., S. 192, war dies dem Großen Verein ab 1936 verboten.

[23] Der Besuch des Hochamtes war 1936 lt. Klees/Zimmermann, a.a.O., S. 192, „den einzelnen Schützen freigestellt."

[24] Die GV von 1938 des Großen Vereins beschloss lt. Klees/Zimmermann, a.a.O., S. 194, sich nicht mehr *St. Sebastianus Schützenverein* zu nennen, sondern *Düsseldorfer Schützenverein*.

[25] Hier sei noch einmal an den in Anmerkung 1 genannten Aufsatz von Schloßmacher und an das Buch von Brzosa erinnert. Brzosa weist auf S. 432 in einer Anmerkung auf diesen Lesefehler hin. In diesem Kontext zitiert er zeitgenössische Presseartikel, die von der 1937 abgehaltenen 400-Jahr-Feier berichten. Spätestens seit Moslers in Anm. 1 zitiertem Aufsatz wäre das richtige Gründungsjahr (1573) auch denen bekannt gewesen, die keine professionelle historische Quellenforschung betreiben.

[26] Der Inserent von „Wir in Heerdt" beherzigt das leider nicht, indem er sich 1999 darüber beschwert, dass in dieser Zeitschrift ein historisches Vereinsfoto mit dem Hakenkreuzwimpel gezeigt wird. Hier werden implizit zwei Dinge miteinander verbunden, die sauber zu trennen sind: Die Veröffentlichung dieses Dokuments 65 Jahre nach seiner Entstehung bedeutet doch keine Identifizierung mit dem Nationalsozialismus! Auch sollen hier weder damalige Individuen oder Vereine angeprangert werden noch diejenigen, die möglicherweise heute in ihrer verwandtschaftlichen oder ideellen (Schützen!) Kontinuität stehen! Der Bürgerverein Heerdt hat verstanden, was Weizsäcker mit der Annahme der Vergangenheit und der Pflicht zur Erinnerung meinte: Er hat in dem von ihm herausgegebenen Bildkalender 2008 für den Schützenmonat August ein Foto vom Vorbeimarsch der Schützen am Nikolaus-Knopp-Platz gewählt, auf dem eben auch zu erkennen ist, dass es aus der Zeit zwischen 1933 und 1939 stammt. Historische Wahrheit und ihre politische Instrumentalisierung sind nicht identisch!

[27] Diese Kategorisierung folgt Karl Jaspers, Die Schuldfrage. Für Völkermord gibt es keine Verjährung, München (Serie Piper 191), 1979, S.21f. An gleicher Stelle – so sei der Vollständigkeit halber erwähnt - erläutert Jaspers in dieser bereits im Wintersemester 1945/46 (!) gehaltenen Vorlesungsreihe, welche Instanzen bei den einzelnen Schuld-Kategorien zuständig sind: bei der „kriminellen Schuld" sei dies das Gericht, bei der „politischen Schuld" seien dies Gewalt und Wille des Siegers, bei der „moralischen Schuld" das eigene Gewissen und bei der "metaphysischen Schuld" sei dies „Gott allein".

[28] Klaus Gotto/Hans Günter Hockerts/Konrad Repgen entwickeln in ihrem Aufsatz Nationalsozialistische Herausforderung und kirchliche Antwort. Eine Bilanz, einen weitgefassten, vierfach abgestuften Widerstandsbegriff. Sie erläutern, dass der Fronleichnamsteilnehmer natürlich nicht wie die Männer des 20. Juli 1944 sein Leben aufs Spiel setzte. „Beide leisteten ‚Widerstand', aber in ungleichem Sinne." Dieser Aufsatz ist erschienen in Klaus Gotto/Konrad Repgen (Hg.), Kirche, Katholiken und Nationalsozialismus, Mainz (Topos-Taschenbuch 96) 1980, S. 101-118, hier S. 102-103.

[29] Zur Situation der Schützen- und anderer Vereine in Düsseldorf in der Zeit des III. Reiches vgl. Plett, a.a.O., S. 246-253 und 438-472 und Hüttenberger, a.a.O., besonders S. 443-461.

[30] So der Titel des in Anm. 20 genannten grundlegenden Werkes von Thamer. Trotzdem kommt Plett in dem in Anm. 2 genannten Buch auf S. 494-495 zu dem Ergebnis, dass sich „etwa immerhin mehr als ein Drittel der Vereine [des Rheinlandes und Westfalens] dem nationalsozialistischen Einfluss weitestgehend oder ganz entzog." Wie der Verfasser in Bezug auf den Heerdter Schützenverein, so ist auch Plett davon überzeugt, „dass eine Gleichschaltung oder die Annahme der Einheitssatzung allein noch kein Nachweis dafür sein können, dass sich diese Vereine und ihre Mitglieder das nationalsozialistische Gedankengut zu eigen machten." Daher könne „man wohl nur den Schluss ziehen, dass sich, von Ausnahmen abgesehen, zwischen Schützenwesen und Nationalsozialismus im allgemeinen keine gemeinsamen Interessen finden lassen." Andernfalls – so Pletts nachdenklich machende These -, wären die Schützen so kompromittiert gewesen, dass nach 1945 ein Neuanfang ihres Vereinswesens kaum möglich geworden wäre.

[31] Klees/Zimmermann, a.a.O., S. 195, erwähnen, dass die Begriffe „Führerring" und „Führerrat" in dieser Zeit – d.h. um 1940 - wieder dem alten Begriff „Vereinsvorstand" wichen.

[32] Lt. Klees/Zimmermann war Hauptmann August Punessen 1942 in den Vorstand des Großen Vereins berufen worden.

[33] Vgl. hierzu Clemens Vollnhals (Hg.), Entnazifizierung. Politische Säuberung und Rehabilitierung in den vier Besatzungszonen 1945-1949, München ( dtv 2962) 1991.

[34] Wenn dort von der 411jährigen Geschichte des Heerdter Schützenvereins die Rede ist, dann gilt immer noch das objektiv falsche Datum 1537 als Gründungsjahr. Bis zum Jahre 1973 sollte dies noch geklärt werden... Im Zusammenhang mit dem Bericht vom Schützenfest 1949 befinden sich zwei kleine Artikel der RP und des Rhein-Echos vom 24.8.1949 im Protokollbuch.

[35] Vgl. dazu auch die Protokolle vom 2.3.1953 und 27.4.1953.

[36] Dazu heißt es in der September-Ausgabe des Jahres 1951 in der Schützenzeitung: „Und nun rüstet Düsseldorf erneut zu einem großen Fest. Am 12. September soll der Nationale Feiertag hier so begangen werden, wie es der Landeshauptstadt würdig ist. Da dieser Feiertag von allen Volkskreisen gefeiert wird, versteht es sich im Rande, dass mit den Sängern und Sportlern, mit den Karnevalisten und Heimatvereinen auch die Schützen mitmachen. Das Programm des Nationalen Feiertages wird unseren Kameraden aus den Veröffentlichungen der Tageszeitungen bekannt sein. Für uns Schützen wird der Höhepunkt im abendlichen Festzug liegen, den eine starke Fahnengruppe der Düsseldorfer Schützen eröffnet und der um 21 Uhr auf dem Marktplatz ankommt, wo Oberbürgermeister Gockeln vom Balkon des Rathauses aus eine Ansprache halten wird. Der große Zapfenstreich und der von 500 Sängern dargebotene Chor *Die Himmel rühmen* werden die Feierstunde beschließen, die dann am Rhein ihre Fortsetzung findet. Dort werden nämlich die Wassersportler einen bunten Korso mit Lampions durchführen, dort wird auch ein großer pyrotechnischer Wasserfall von der Brücke herab eine besondere Anziehungskraft beweisen, indes riesige Feuerstöße am Ufer zum Himmel lodern und der Lambertusturm, der alte Schlossturm und das Rathaus in gleißendem Licht erstrahlen werden. Wir brauchen es nicht besonders zu betonen, dass es für alle Schützen eine Selbstverständlichkeit sein muss, im Rahmen der von den Kompanien herauskommenden Befehle an den Veranstaltungen zum Nationalen Feiertag teilzunehmen." Zwei Fotos von der Veranstaltung vom 12.9.1951 finden sich in der von der Landeshauptstadt Düsseldorf herausgegebenen Broschüre „Ausstellung: 60 Jahre Grundgesetz – und Düsseldorf feiert mit", Düsseldorf 2009, S. 16. Ich habe den für den Begleittext verantwortlichen stellvertretenden Leiter des Stadtarchivs Düsseldorf, Benedikt Mauer, darauf aufmerksam gemacht, dass es sich bei den beiden Fotos nicht – wie in der Broschüre angegeben – um einen in Düsseldorf anlässlich der Wahl des ersten Bundespräsidenten (12.9.1949) veranstalteten Fackelzug handelt, sondern um den „Nationalen Gedenktag" zwei Jahre später. Herr Dr. Mauer hat mir am 10.8.2010 telefonisch zugesichert, bei einer Neuauflage den Text entsprechend zu korrigieren. Ergänzend wusste er zu berichten, dass dieser nationale Feiertag auch in den Böhler-Werken und im Plenarsaal begangen wurde und dass es ein großes Presseecho u.a. in der Rheinischen Post und in den Düsseldorfer Nachrichten gab.

[37] Lt. Meyers Enzyklopädie ist der Volkstrauertag seit 1952 nationaler Trauertag in der Bundesrepublik Deutschland (vorletzter Sonntag vor dem 1. Advent) zum Gedenken der Gefallenen beider Weltkriege und der Opfer des Nationalsozialismus. Er geht zurück auf den seit 1926 begangenen Gedenktag für die Opfer des Erstes Weltkriegs; seit 1934 hieß er „Heldengedenktag" (5. Sonntag vor Ostern).

[38] So am 29.9.1972, 23.10.1972, 26.1.1973, 21.3.1973, 28.5.1973, 29.6.1973, 30.7.1973 und im offiziellen Vorstandsbericht vom Schützenfest. Über die Kosten des Jubiläums-Schützenfestes will sich der Verfasser ausschweigen.

[39] Zu Simon Gatzweiler vgl. die Protokolle vom 28.5.1973, 29.6.1973, 30.7.1973, Schützenfest-Bericht 1973, 22.1.1974, 8.11.1985, 6.1.1986 und 7.3.1986.

[40] In der Folge sehen die entsprechenden Zahlen so aus: 1986 (168), 1987 (122), 1988 (147), 1989 (179), 1990 (130), 1991 (121), 1992 (145; 21 Kompanien sind vertreten), 1993 (126),

1994 (120), 1995 (140), 1996 (115), 1997 (108), 1998 (111), 1999 (106), 2000 (118), 2001 (141), 2002 (liegt nicht vor), 2003 (113), 2004 (113), 2005 (109), 2006 (82), 2007 (117).

[41] Im „Rückblick auf das Schützenjahr 1986-1987" heißt es u.a., dass dieses Jahr „nahtlos an die guten Vorjahre anknüpfen konnte. Gut ist ein Jahr dann, wenn man sagen kann, der Vereinszweck ist erfüllt worden. In unserer Vereinssatzung ist so formuliert worden: *Der Schützenverein will Bürger- und Gemeinsinn durch Pflege des Schützenbrauchtums fördern, und zwar insbesondere durch a) die Begehung des altherkömmlichen Vogelschießens, b) Betätigung christlicher Nächstenliebe und Kultur, c)Pflege der Heimatkunde und d) Pflege der Kameradschaft.*"

[42] Allein der dritte Band – die Jahre 1986-1998 erfassend – hat einen Umfang von 332 Seiten.

[43] Der Zusatz „Einfach" soll darauf hinweisen, dass es darüber hinaus ja auch den „Erweiterten" Vorstand gibt. Diese Unterscheidung findet sich – wenn auch unregelmäßig – bereits in den Protokollen ab Juli 1926. Protokolle des Geschäftsführenden Vorstands hat der Verfasser nicht eingesehen. Im übrigen dominieren bis in die Mitte der 20er Jahre nicht die VS, sondern die GV.

[44] Zu diesem Thema vgl. im 3. Protokollband die Seiten 137, 140, 146, 149, 152, 154f., 158, 172, 187, 192, 300 und 304.

[45] Siehe hierzu im 3. Protokollband die Jahresberichte 1986/87 (S. 20f.) u. 1989/90 (S. 97), dazu die Seiten 114 f., 115 („Image"), 120, 215 ff. Zum Heerdter Schützenverein als „Freundeskreis" vgl. die Berichte 1988/89 und 1989/90 und S. 223.

[46] Siehe hierzu im 3. Protokollband die Seiten 140, 147 f., 150 f., 152, 162, 167, 173 f., 183, 190, 219. Im Rahmen einer VS kommt es 1994 zu einer Grundsatzdebatte, in der der 2. Chef sehr detaillierte Ausführungen zur Vorstandsarbeit macht. Dieses „Statement" führt in der genannten Sitzung zu einer sehr umfassenden und präzisen Funktionsbeschreibung der – nach den beiden Chefs – wichtigsten Vorstandsämter wie Platzmeister, Oberst, Schießmeister, Schatzmeister und Schriftführer.

[47] Zur Einladung der Bewohner des CBT-Heimes vgl. im 3. Protokollband die Seiten 266, 268, 288, 292, 321, 323.

[48] Vgl. dazu im 3. Protokollband die Seiten 289, 299, 303, 315 f., 317, 325.

[49] Zum Begriff Tradition vgl. den kurzen Beitrag des Verfassers zum Thema „Tradition und Fortschritt" in Heerdt im Wandel der Zeit VI, Düsseldorf 2005, S.12-13.

[50] Der Geschäftsführende Vorstand des Heerdter Schützenvereins hat die hier präsentierten Daten und Fakten, soweit sie den Protokollbüchern entnommen sind, ausdrücklich zur Veröffentlichung freigegeben. - Orthographie und Interpunktion der Quellen wurden vom Verfasser den aktuell gültigen Regeln angepasst; sonstige sprachliche Unkorrektheiten wurden nur gelegentlich korrigiert.

# Zweiter Teil: Neue Studien zur Heerdter Vereinsgeschichte

In der bis 1909 selbständigen Gemeinde Heerdt, zu der auch Lörick, Nieder- und Oberkassel gehörten, existierten an der Wende vom 19. zum 20. Jahrhundert 37 Vereine, wie das Adressbuch von 1904 belegt: Da gibt es neben Gesangs-, Sport-, Kegel-, Krieger- und Schützenvereinen auch einen Brieftauben-, einen Bienenzucht-, einen Ziegenzucht- und einen Lotterieverein. Ob man seinerzeit auch schon an die aktuelle Umwandlung von Kneipen in Raucherclubs zur legalen Umgehung des strengen Landesgesetzes gedacht hat, weiß ich nicht: Zumindest gibt es 1904 einen Verein „*Rauchclub Gemüthlichkeit*", dessen Vereinslokal Gather, d.h. „Zur Post"[1], war; die an der Kölner Straße 134 ansässige Wirtschaft wurde im Zuge der Beseitigung des Engpasses [2] und des Ausbaus des Nikolaus-Knopp-Platzes 1931 abgerissen.

Die Schriftenreihe „Heerdt im Wandel der Zeit" hat sich immer wieder dieser Thematik angenommen und mehrfach über unterschiedliche Vereine berichtet [3]. Da mir inzwischen neues Quellenmaterial vom derzeitigen 1. Vorsitzenden der Schützengesellschaft *Hubertus*, Reiner Spiegel, zur Verfügung gestellt wurde, sollen im folgenden zwei interessante Nachträge geliefert werden.

Vom Artillerie- zum Bürgerverein[4]

Zu den 1904 existierenden Vereinen zählt auch ein so genannter *Artillerie-Verein* (im folgenden AV abgekürzt), dessen Vorsitzender Bach hieß und dessen Vereinslokal Jean Hürtgen an der Krefelderstr. 81 („Zu den drei Füchsen") war. Nach Auskunft der Fassung der Satzung des Jahres 1929 wurde der AV 1876 gegründet; damit war er eine der ältesten Heerdter Kompanien. Das handgeschriebene Statut des AV vom 7.2.1891 existiert noch vollständig. Es besteht aus 15 Paragraphen, von denen der erste wie folgt zitiert werden soll: „Die in Heerdt unter dem Namen ‚Artillerie-Verein' bestehende Vereinigung bezweckt vorzugsweise, die Liebe zum angestammten Herrscherhause und zum Vaterlande unter ihren Mitgliedern zu fördern und zu pflegen." Der heutige Leser wundert sich vielleicht, dass dort nichts von der Heimat, dem Brauchtum, der Geselligkeit, der Kameradschaft und dem Schützenwesen gesagt wird. Aus diversen Bestimmungen des Statuts geht zwar die aktive Teilnahme an der jährlichen Kirmes hervor, jedoch stellt der Paragraph 11 eindeutig heraus, dass der AV sich nicht als Teil des St.-Sebastianus-Schützenvereins Heerdt versteht. Insofern ist es nicht erstaunlich, dass er in der Liste der 37 Vereine des Adressbuches von 1904 gesondert neben dem Schützenverein aufgeführt wird. Das AV-Statut von 1891 endet mit der Feststellung, dass durch den Beschluss der Generalversammlung (GV) vom selben Tage das Statut vom 13.9.1885 außer Kraft tritt. Es folgen acht Unterschriften der Vorstandsmitglieder. Darunter findet sich auch ein Philipp Bach[5], der möglicherweise mit dem weiter oben genannten Vorsitzenden Bach aus dem Jahre 1904 identisch ist. Am 13.3.1891 bestätigt der Heerdter Bürgermeister Schmitt per Siegel und Unterschrift die Kenntnisnahme dieses Vereinsstatuts.

Für einen langen Zeitraum wissen wir nicht viel vom AV, bis er im September 1921 wieder aus dem Dunkel der Geschichte auftaucht. Der Vorstand lädt am 12.9.21 die Mitglieder für den 14.9. zu einer Versammlung ein; er nennt zwar – und das ist damals, wie viele Dokumente zeigen, nichts Ungewöhnliches – keine Tagesordnung, weist aber darauf hin, dass auch der Vorstand des Schützenvereins eingeladen sei. Leider ist die Quellenlage in diesem Konvolut so problematisch, dass wir oft nichts von den Versammlungen und ihren Ergebnissen erfahren und somit auch nur vorsichtige Interpretationen und Einschätzungen abgeben können. Am 23.9.21 lädt der AV zur Generalversammlung auf den 30. d.M. ein, um neue Mitglieder aufzunehmen, Vorstandswahlen durchzuführen und die neuen Statuten zu besprechen und zu verabschieden. Entwürfe einer neuen Satzung und handschriftliche Ergänzungen bzw. Korrekturen lassen erkennen, dass diesbezügliche Aktivitäten im Gange waren und auch erfolgreich durchgeführt wurden: Die neue Satzung liegt nämlich in gedruckter Form vor. Auf der Monatsversammlung vom 28.10.21 scheint – neben der Aufnahme neuer Mitglieder – durch die Genehmigung des Protokolls der GV vom 30.9.21 dieser Vorgang abgeschlossen worden zu sein. Die aktive Teilnahme des AV am Fackelzug – anlässlich des Martinsfestes – und die Aufnahme von neun Interessenten als neue Mitglieder im November 1921 sprechen für ein blühendes und harmonisches Vereinsleben. Im übrigen heißt es in den einzelnen Aufnahmebestätigungen u.a.: „Auch hoffen wir gerne, dass Sie allen Veranstaltungen des Artillerie-Vereins sowie denjenigen des St. Sebastianus Schützenvereins Düsseldorf-Heerdt, an denen sich der Artillerie-Verein beteiligt, reges Interesse entgegenbringen (...)."

Anscheinend unvermittelt beeinflusst plötzlich die große Politik unser friedliches Dorf: Der Vorstand des AV wendet sich am 22.11.21 an den „Herrn Kreisdelegierten, Hochwohlgeboren" in Neuss - d.h. an die Interalliierte Hohe Rheinland-Kommission in der Belgischen Zone -, wobei er sich auf die Morgenausgabe der *Düsseldorfer Nachrichten* vom gleichen Tage bezieht: Dort sei der „Erlass des Reichskommissars für die besetzten rheinischen Gebiete" unter dem Titel „Verbot von Regimentsvereinen im besetzten Gebiet" veröffentlicht. Die Vorstandsherren beziehen dies sogleich auf ihren AV und bringen vor, dass der AV seit etwa 50 Jahren in Heerdt bestehe, dass er ein „gesellschaftlicher" Verein sei und als „Teil dem St.-Sebastianus Schützenverein angegliedert" sei. Der AV bestehe aus „angesehenen Bürgern des genannten Stadtteils" und diene ausschließlich der „Hebung der Geselligkeit" und der „Sicherstellung des althergebrachten Schützen- und Volksfestes". Auch dürfe laut Satzung – die dem Schreiben beigefügt wird – „über Religion und Politik in den Versammlungen nicht verhandelt werden." Die Sorge um die „Aufhebung des Vereins" veranlasst noch die Vorstandsmitglieder Scheuten, Ommerborn und Boersch zu versichern, „dass der oben genannte Verein weder monarchistische noch kommunistische Interessen verfolgt, dass derselbe keinerlei Politik treibt und auch in keiner Weise veranlagt ist, die Sicherheit der Besatzungsbehörden zu gefährden." Über die Stadtverwaltung Düsseldorf erfährt Herr Theodor Scheuten, der Vorsitzende des AV, mit Schreiben vom 14.12.21, dass die oben genannte Hohe Kommission am 9.12.21 mitgeteilt habe, dass sich das in ihrem Erlass verordnete Regimentsverbot nicht auf Artillerie- und Pioniervereine beziehe. Damit steht dem weiteren, uneingeschränkten Wirken des Heerdter AV nichts mehr im Wege.

Vor der Kenntnisnahme dieser erfreulichen Mitteilung wird am 30.11.21 zu einer Monatsversammlung des AV eingeladen, die am 6.12.21 stattfinden soll und für die die üblichen Tagesordnungspunkte vorgesehen sind. Umso erstaunlicher ist es, ein „Protokoll über die am 6. Dezember 1921 (...) abgehaltene Gründungsversammlung des Bürgervereins Düsseldorf-Heerdt" vorzufinden, zu dessen geschäftsführenden Vorsitzenden Theodor Scheuten, also der erste Vorsitzende des AV, gewählt wird. Ob dieser Akt ausschließlich im vorauseilenden Gehorsam gegenüber einem – irrtümlich! – erwarteten Auflösungsbeschluss bezüglich des AV durch die belgischen Behörden geschehen ist, lässt sich aufgrund der vorhandenen Quellen z. Zt. nicht mit letzter Sicherheit sagen. Bemerkenswert ist nur, dass es – trotz anfänglicher weitgehender personeller Identität mit dem AV – vom Gründungstag an Querelen in diesem Bürgerverein gab, der im übrigen wahrscheinlich, wie zu zeigen ist, kaum zwei Jahre Bestand hatte. Auf die formalen Mängel des Gründungsaktes vom 6.12.21 braucht hier nicht näher eingegangen zu werden. Zur Verdeutlichung des im Keime angelegten gegenseitigen Misstrauens sei nur nachgetragen, dass zur Versammlung vom 6.12.21 drei Personen zu spät kamen, über deren Aufnahme in den neuen Verein so sehr gestritten wurde, dass man sich darauf einigte, die formelle Aufnahme dieser Aspiranten in der nächsten Mitgliederversammlung, d.h. am 13.12.21, nachzuholen. Wie es dann zum Prozess des von mir – aus Gründen des Datenschutzes - mit seinen Initialen K.H. bezeichneten Herrn gegen den Bürgerverein kam, sagen die Quellen nicht. Einzelne anwaltliche Schriftstücke lassen den Schluss zu, dass diese Person zu irgendeinem Zeitpunkt nicht mehr als Mitglied bzw. Mitbegründer des BV angesehen werden wollte, denn der Rechtsanwalt des BV teilt dem Amtsgericht Düsseldorf am 20.4.22 namentlich vier Personen mit, die bezeugen können, dass der Kläger K.H. in den BV aufgenommen wurde. Der Kläger legt, nachdem er diesen Prozess verloren hat, Berufung beim Landgericht Düsseldorf ein. Mit Schreiben vom 27.11.22 erfährt der BV von seinem Rechtsvertreter, „dass das Landgericht die Berufung des Klägers zurückgewiesen hat. Der Prozess ist nunmehr definitiv zu Ihren Gunsten entschieden." Von K.H. werden wir dann nur noch einmal im Zusammenhang mit der Liquidation des AV hören.

Wie oben angedeutet, lädt der neue BV am 7.12.21 seine Mitglieder auf den 13.12. zu einer GV ein, deren Tagesordnung u.a. folgende Punkte vorsieht: „Liquidationsabrechnung des Artillerie-Vereins; Besprechung und Genehmigung der Statuten; Wahl des Vorstandes; Aufnahme neuer Mitglieder." Die Ausarbeitung des neuen Statuts lässt sich anhand der Quellen leicht dokumentieren: Die verschiedenen Entwürfe und die Endfassung zeigen, dass man von dem gerade in Kraft gesetzten Statut des AV ausgeht und – abgesehen von unwesentlichen redaktionellen Änderungen – ganz einfach im Titel und an entsprechenden Textstellen die Vereinsnamen austauscht. Außerdem entfällt im Statut des BV im Zusammenhang mit der Verpflichtung seiner Mitglieder, „an den vom St. Sebastianus Schützenverein [Düsseldorf-Heerdt] vorgesehenen Aufzügen in dem vorgeschriebenen Anzug bzw. der vorgeschriebenen Uniform teilzunehmen", der Satzteil „bzw. der vorgeschriebenen Uniform". Soll dies eine – zumindest nach außen in Erscheinung tretende – Distanz zum Schützenverein und eine Verschiebung in Richtung Bürger- und Heimatverein bedeuten? Zur Beantwortung dieser Frage reichen die vorliegenden Quellen leider nicht aus. Die häufigen Zusammenkünfte, die Einbeziehung der Ehefrauen, die Abendspaziergänge und weitere Veranstaltungen könnten für diese Theorie sprechen. Das neue Statut wird am 28.12.21 der Polizeiverwaltung vorgelegt; der Oberbürgermeister der Stadt Düsseldorf bestätigt den Eingang am 17.1.1922. Vieles spricht für Anfangserfolge des neuen Vereins, so z.B. das umfangreiche Festprogramm und die Weinkarte für die Silvesterfeier 1921 in der „Schönen Aussicht": beides aufwändig bei Hüren gedruckt und typographisch den Jugendstil evozierend. Auch die am 25.1.22 festgestellte stattliche Mitgliederzahl von über 40 Personen ist positiv zu bewerten. Neu aufgenommene Mitglieder, so zeigen die Anschreiben vom 26.1.22, erhalten einfach denselben Bestätigungstext wie die am 19.11.21 neu eingetretenen AV-Mitglieder, nur dass im Briefkopf AV gegen BV ausgetauscht wird: ein Zeichen von inhaltlicher, personeller und organisatorischer Kontinuität? Im März 1922 fragt der BV bei einer Fachfirma in Bonn wegen der Herstellung einer Vereinsfahne an, lehnt letztlich aber das Angebot aus Kostengründen ab.

Allmählich ziehen düstere Wolken auf. Die ersten Austritte aus dem Verein werden bekannt: Am 10.2.22 legt P.M. sein Amt als Kassierer nieder. Auf einem Notizzettel aus dieser Zeit findet man: „P.M.: So schnell wie der BV gewachsen ist, so schnell fällt er auch wieder zusammen. E.Sch. soll geäußert haben, dass, wenn er gewusst hätte, was der BV wäre und darin vertreten ist [sic!], wäre er nie Mitglied geworden." Dies ist inhaltlich leider völlig unklar. Ob diese Äußerungen mit einer neuen Thematik bzw. Problematik zu tun haben, vermag ich nicht zu sagen. Auf jeden Fall findet sich in der Einladung des BV vom 9.2.22 zur Monatsversammlung zum ersten Mal ein Hinweis auf eine „Gedenktafelkommission", die am 14.2.22 einen Bericht abgeben soll. Für die GV am 8.3.22 ist u.a. die „Sicherung der Rechte des Vergnügungsausschusses" vorgesehen. Ob und (falls ja) in welcher Weise durch den einen oder anderen Ausschuss die ursprünglich wohl vorhandene innere Geschlossenheit des BV verloren gegangen ist, kann nicht mit letzter Sicherheit gesagt werden; die Dokumente der weiteren Vereinsentwicklung sprechen jedoch dafür. Am 11.3.22 teilt der BV dem Ausschuss zur Errichtung eines Kriegerehrenzeichens das Ergebnis einer Sammlung und die Zurverfügungstellung dieses Betrages (612 Mark) mit.

Auf der Tagesordnung der Monatsversammlung vom 6.4.22 stehen die Berichte der Vergnügungs- und der „Denksteinkommission", aber in Ermangelung entsprechender Protokolle kann hierzu nichts referiert werden. Es lässt sich jedoch immerhin aus den Unterlagen entnehmen, dass es im Vorfeld dieser Monatsversammlung zu Mißverständnissen gekommen sein muss, denn der „Ausschuss für die Errichtung eines Kriegerehrenzeichens" – so erfahren wir erstmals den richtigen Namen ! – sieht sich am 5.4.22 gezwungen, dem ersten Vorsitzenden des BV, Theodor Scheuten, auf dessen Bitte hin schriftlich zu bestätigen, „dass der Bürgerverein mit dem Ausschuss für die Errichtung eines Kriegerehrenzeichens nicht identisch ist." Außerdem seien die Einladungen zur konstituierenden Versammlung dieses Ausschusses nicht vom BV ausgegangen, „sondern von einer Kommission, die dazu eigens gewählt war." Weitere Einladungen zu Versammlungen spiegeln vorerst keinen Unmut in dieser Sache wider.

Warum auf der GV vom 16.5.22 der Vorstand des BV ermächtigt werden soll, „im Benehmen mit anderen Kompagnien (so war seinerzeit noch häufig die sich auf den französischen Ursprung berufende Schreibweise) eine GV beim Vorstande des St. Sebastianus Schützenvereins zu beantragen", ist zuerst nicht erkennbar. Anscheinend ist der BV mit seinem Anliegen erfolgreich gewesen, denn der Vorstand ermuntert mit Schreiben vom 20.5.22 die Vereinsmitglieder, zur GV des Schützenvereins am 27.5. zu erscheinen, „damit wir bei unseren Anträgen die nötigen Stimmen zusammen bekommen. Gleichzeitig bitten wir die Mitglieder, auch bei anderen Kompagnien Stimmung zu machen, damit das diesjährige Schützenfest alle früheren übertrifft." Zwei Tage vor der GV hatte der Vorstand des BV per Einschreiben (!) beim Schützenverein beantragt, 11 detailliert aufgeführte Punkte behandeln zu lassen bzw. zu klären und zu erledigen. Dabei ging es u.a. um die Frage des Vertragsverhältnisses zwischen dem Schützenverein und einem Heerdter Wirt und um den Kirmesplatz, um den „Ausbau des Schützenfestes zu einem Volksfest", um die Frage nach der Beteiligung anderer Kompanien am Schützenfest, um das Kirmesprogramm, um die Festlegung der Eintrittspreise, um die Bildung eines Arbeitsausschusses zur Festvorbereitung und um die Schießordnung. Am Schluss (der Kopie) des Briefes findet sich der handschriftliche Zusatz „Die Stellung weiterer Anträge und Fragen behalten wir uns vor." Der ausführliche Bericht des BV über diese GV des Schützenvereins fällt weitgehend negativ aus, sowohl was die Darstellung der einzelnen TOP und die 11 BV-Anträge als auch was das abschließende Resümee betrifft. Wie die Mitglieder des BV in der Monatsversammlung vom 15.6.22 auf diesen Bericht reagierten, ist nicht bekannt. Laut Liste vom 1.6.22 umfasste der BV seinerzeit 41 Personen; diese bestätigten am 19.6.22 den Erhalt der Satzung des Heerdter Schützenvereins.

Über das nächste Dokument wird man erstaunt sein: Der „Artillerie-Verein in Liquidation" lädt am 21.6.22 zu einer Versammlung ein, die am 28.6. stattfinden und die die Liquidationsabrechnung zum Gegenstand haben soll. Eine handschriftliche Notiz des Vorstands scheint das ordnungsgemäß abgelaufene Verfahren zu bestätigen: Der Kassenbestand von 487,80 Mark wird ausgeschüttet; jedes vormalige Mitglied soll 13,55 Mark erhalten. Daraus errechnet sich ein Mitgliederbestand von 36.

Könnte man daher von einem lautlosen Wechsel vom Artillerie- zum Bürgerverein ausgehen, so zeigt doch der Austritt des Vertreters des BV im „Ausschuss für die Errichtung eines Kriegerehrenzeichens" vom 26.6.22, dass alte Spannungen latent vorhanden waren und erneut an der Oberfläche auftauchen. Der BV-Vertreter war übrigens Theodor

Scheuten, der erste Vorsitzende des BV. Der BV verzichtet in dem zitierten Schreiben auf die Neuwahl eines Ersatzmannes für Scheuten. Ob dies der Grund für die Einberufung einer Versammlung der Mitglieder dieses Denkmalausschusses auf den 16.7.22 in der Turnhalle der Pestalozzischule war, vermag ich nicht zu sagen. Vielleicht war Scheutens Rückzieher ein letzter Anlass, heißt es in der Einladung doch: „Die Versammlung wird zu dem Zwecke einberufen, um das ganze Unternehmen auf eine breitere Grundlage zu stellen (...) Im Interesse der guten Sache ist eine gründliche Aussprache in einer erweiterten Versammlung erforderlich, damit die Gegenbestrebungen endlich aufhören." Am Schluss wird um die „Entsendung einer größeren Deputation" gebeten. Dieses Anliegen macht sich auch der TOP 6 der GV des BV vom 13.7.22 zu eigen. Es heißt dort zwar nur „Wahl einer Deputation für das Kriegerdenkmal", aber alles spricht dafür, dass damit die für den 16.7.22 angesetzte Versammlung in der Turnhalle gemeint ist.

Leider sind die beiden folgenden Quellen nicht datiert; ihr terminus ante quem muss aber der 19.7.1922 sein, wie noch zu zeigen ist. Da gibt es zum einen den Entwurf eines Vertrages des BV mit dem Kapellmeister Johann Strauss, der die musikalische Begleitung des anstehenden Schützenfestes zum Gegenstand hat; da gibt es zum andern zwei Entwürfe des Festprogramms und der Kirmesveranstaltungen vom 19. bis 22.8.22 mit zahlreichen handschriftlichen Streichungen, Änderungen und Zusätzen, die wohl vom Vorstand des BV stammen. Das aktuelle Schützenfest scheint auch den Vorstand des BV veranlasst zu haben, für den 13.7.22 eine GV einzuberufen, auf der neben der „Stellungnahme zum Schützenverein" auch eine Statutenänderung als TOP vorgesehen ist. Dass auch die Deputationswahl für die Turnhallenversammlung Anlass für diese GV war, ist oben schon angedeutet worden. Was das Verhältnis zum Schützenverein betrifft, so kennen wir die Entscheidung des BV aufgrund zweier Briefe vom 19.7.22 an bereits von ihm verpflichtete Musikvereine: Der BV sagt seine aktive Teilnahme am Schützenfest 1922 ab.

Damit scheinen nicht alle Mitglieder des BV einverstanden gewesen zu sein. Ob weitere Unstimmigkeiten ausschlaggebend waren, kann nicht zuverlässig nachgewiesen werden. Fest steht, dass am 31.7.22 das BV-Mitglied Peter Schneider, Schützenkönig des Jahres 1921/22, zu einer Mitgliederversammlung mit der Begründung einlädt, dass der Vereinsvorsitzende es abgelehnt habe, eine Versammlung einzuberufen. Die beiden wichtigsten TOP lauten: „Wie stellen wir uns zu der ungültigen Generalversammlung vom 13.7. und deren Beschlüsse? Wie stellen wir uns zu dem diesjährigen Schützenfest?" Der Vorstand des BV lädt seinerseits für den 3.8.22 zu einer Vorstandssitzung ein, auf der die von Schneider einberufene Versammlung TOP 1 ist. Der Vorstand scheint auf dieser Sitzung vom 3.8.22 beschlossen zu haben, eine Monatsversammlung der Mitglieder abzuhalten, die u.a. die Schneider-Versammlung zum Gegenstand der Erörterung hat. Auf der entsprechenden Einladung vom 4.8.22 heißt es: „Es ist zu erwarten, dass vor der Versammlung noch der schriftliche Antrag für eine Generalversammlung eingeht und müssen wir den Vorbehalt machen, statt der Monatsversammlung eine Generalversammlung abzuhalten." In der Tat erfolgte am 7.8.22 der Antrag von 20 Mitgliedern – an der Spitze Peter Schneider -, anstelle der geplanten Monatsversammlung eine GV durchzuführen. Mehr ergibt sich hierzu nicht aus den Akten.

Aus der Einladung vom 20.9.22 zur GV vom 4.10.22 lässt sich auf den ersten Blick nicht erkennen, ob die internen Unstimmigkeiten und Verfahrensstreitigkeiten beseitigt sind. Die aus acht Punkten bestehende Tagesordnung entspricht den üblichen Regularien. Es fällt nur auf, dass es am Schluss der Einladung heißt, dass diese GV von besonderer Wichtigkeit sei und dass man erwarte, dass „niemand ohne triftigen Grund" fehlt. Es heißt dann weiter: „Es muss sich doch mal ermöglichen lassen, dass alle Mitglieder zusammen sind, um über das Wohl und Wehe des Vereins zu beraten." Wie weit dieser Appell zur Vollständigkeit und Geschlossenheit die unterschiedlichen Richtungen innerhalb des BV aufgreift oder wie weit dieser Aufruf bereits auf eine eventuelle Existenzgefährdung des Vereins anspielt, vermag ich nicht zu sagen. Als Dokument zu dieser GV liegt uns nur – aber immerhin! – der vierseitige Jahres- und Kassenbericht für den Zeitraum 1921/22 vor, der – so sah es die Tagesordnung vor – wohl auf dieser GV verlesen wurde. Rückblickend sieht für den Vorstand des BV die Entwicklung vom Artillerie- zum Bürgerverein einfacher aus, als sie in Wirklichkeit war: Die Ursache dieses Wechsels wird in diesem Bericht ausschließlich in der – missverstandenen! – Anordnung der belgischen Besatzungsbehörde gesehen. Der weitere Verlauf der Ereignisse wird richtig, wenn auch verkürzt wiedergegeben: Dabei werden die verschiedenen Aktivitäten des Vereins referiert und positiv dargestellt. Das problematische Verhältnis zum Schützenverein wird nicht verschwiegen; auf die Darstellung von Einzelheiten verzichtet man bewusst. Aus den einseitigen Schuldzuweisungen kann sich der nicht eingeweihte Außenstehende kein objektives Bild von den damaligen Vorgängen machen. Der Bericht schließt mit dem Hinweis auf die Liquidation des AV und die Auszahlung des Kassenbestandes an vier Mitglieder[6], während alle anderen Mitglieder ihren Anteil dem BV zur Verfügung gestellt haben.

Zeichnet sich die Entwicklung des BV etwa ab Mitte des Jahres 1922 durch einen verminderten Versammlungsbesuch und eine Mitgliederstagnation aus, so wird der Rückgang der Mitgliederzahlen im Herbst d. J. deutlicher. Die bisherigen Aktivitäten – zumindest aber die Planungen – wie geselliges Beisammensein, Beteiligung am Martinszug und Silvesterfeier gehen zwar weiter, aber der Austritt des prominenten Wirtes Ewald Kersberg und der Gebrüder Breuer aus dem Verein bleiben nicht unbemerkt. Auch scheinen die finanziellen Probleme des Vereins – nicht nur wegen der Inflation – größer zu werden, so dass Ende November 1922 die Silvesterfeier in Frage gestellt wird. Die Beitragszahlungsdisziplin lässt nach; und die Errichtung des Kriegerehrenzeichens scheint in weite Ferne zu rücken. Ende des Jahres verschickt der Vorstand des BV an Zahlungsunwillige und – was den Versammlungsbesuch betrifft – anscheinend Desinteressierte Mahnschreiben und droht mit dem Ausschluss aus dem Verein, der zu diesem Zeitpunkt noch 36 Mitglieder zählte. Am 24.1.23 schlägt der Vorstand wöchentliche Zusammenkünfte vor und erhöht gleichzeitig wegen der laufenden Geldentwertung die Beiträge der passiven Mitglieder. Ab Januar 1923 häufen sich die Austrittserklärungen so sehr, dass es bald nur noch 29 Mitglieder gibt.[7] Die Korrespondenz mit dem Schützenverein und dem Kriegerdenkmalausschuss setzt sich fort, führt aber in der Sache zu keinem Ergebnis. Im Frühjahr des Jahres 1923 scheinen die üblichen Versammlungen abgehalten worden zu sein; auch wird die Tradition der Abendspaziergänge fortgesetzt. Im Juni 1923 gibt es sogar unter den Vorstandsmitgliedern keine Einigung mehr, so dass man wichtige Entscheidungen auf die GV vom 28.6.23 verlegt. Für die Darstellung des weiteren Verlaufs fehlen uns die Quellen. Letztlich gibt es nur einen extrem kurzen Bericht für das Vereinsjahr 1922/23 vom 3.10.23 und eine Einladung zur GV am 4.10.23 mit dem einzigen TOP „Beschlussfassung über das Fortbestehen des Vereins". Da sich keine weiteren Belege des BV bzw. über ihn in diesen Unterlagen auffinden lassen, kann über das Ende dieses dritten Heerdter Bürgervereins, der zuletzt gerade noch 24 aktive Mitglieder umfasste und wegen finanzieller Probleme nicht mehr „die laufenden Vereinsunkosten zu decken" in der Lage war, nur spekuliert werden. Auf jeden Fall gibt es spätestens 1925 wieder einen AV, wie das Bild auf S. 194 in „Heerdt im Wandel der Zeit VII" zeigt. Auch liegt mir das Original der Satzung des AV vom 9.1.1929 vor, aus der wir weiter oben das Gründungsjahr dieses Vereins zitiert hatten: 1876. Damit scheint die Existenz des BV der Jahre 1921-1923 nur eine kurze Episode in der Heerdter Vereinsgeschichte gewesen zu sein.

Nachtrag zur Geschichte des Schützenvereins[8]

Die mir zur Verfügung gestellten Quellen beziehen sich auf einen Zeitraum von knapp 12 Monaten aus dem Jahr 1935/36 und betreffen im wesentlichen die laufenden Geschäfte des Vorstands des Heerdter Schützenvereins. Es geht da zumeist um die organisatorische Vorbereitung der Schützenfeste, um Verträge mit Musikkapellen, Wirten und Zeltverleihern, um das Anschreiben an Sponsoren und Ehrengäste und um Pressemitteilungen, um die Feststellung der Namen und Anschriften der Mitglieder der einzelnen Kompanien, um die Schießordnung und die Programmgestaltung für die Kirmestage, um das Feiern von Jubiläen und die Teilnahme an Veranstaltungen anderer Vereine. Bei der Lektüre dieser Unterlagen könnte man vergessen, auf welchem historischen Hintergrund dies alles vor sich geht, wenn nicht einzelne hochoffizielle Schreiben – in der Regel an Partei und Staat gerichtet - neben der üblichen Formel „Mit deutschem Schützengruß" die beiden Wörter „Heil Hitler", die man ansonsten so weit wie möglich in den Heerdter Schreiben zu vermeiden trachtete, als zusätzlichen Briefschluss aufwiesen. Auch eine dem Heerdter Schützenverein übereichte Urkunde des Deutschen Schützenverbandes „für die Teilnahme am Opfer-Schießen [am] 24. März 1935 zu Gunsten des Winterhilfswerkes des Deutschen Sports" erinnert an das III. Reich.[9]

Nachdem Josef Schäfer am 16.6.35 durch Schreiben an den stellvertretenden Vereinsvorsitzenden Hubert Blum aus Krankheitsgründen das Amt des ersten Vorsitzenden niedergelegt hatte, wendet sich der Vorstand an den Schützenkameraden Heinrich Marx mit der Bitte um Übernahme des frei werdenden Postens. Eine Antwort liegt nicht vor, aber wir wissen aus Protokollen, dass Schäfers Nachfolger Hans Leusch hieß. Der Kreisleitung der NSDAP wurde am 11.9.35 der Rücktritt von Schäfer schriftlich mitgeteilt; zugleich ließ man die Staatspartei wissen, dass der engere Vereinsvorstand Hans Leusch zum neuen Vereinsvorsitzenden „bestimmt" habe: die antidemokratische Grundhaltung des nationalsozialistischen Staates wird auch hier deutlich, indem eine Neuwahl durch die Vereinsmitglieder nicht mehr vorgesehen war.[10] Die Unsicherheit dem Regime gegenüber macht sich auch in der Anfrage des Vereins an die Partei bemerkbar, „ob seitens der Kreisleitung der NSDAP eine Bestätigung unseres neuen Vorsitzenden noch erforderlich" sei. Eine entsprechende Antwort liegt nicht bei den Unterlagen, aber einen Einspruch der für Düsseldorf zuständigen Kreisleitung gegen Hans Leusch scheint es vorerst nicht gegeben zu haben.

Für die Mitte des Jahres 1935 gibt es eine vom ersten Schriftführer verfasste handgeschriebene, inoffizielle Übersicht über den Verein und seine Funktionsträger. Danach scheint es folgende 13 Kompanien gegeben zu haben: *1.-5. Grenadiere, Landsturm, Marine, Jäger, Schützenlust, Fidele, Scheibenschützen Heerdt, Scheibenschützen Handweiser, Hermann Löns*. Von diesen bzw. von weiteren Kompanien liegen im einzelnen folgende Mitgliedslisten vor: *Tambourcorps Heerdt*: 19 Mitglieder, *Scheibenschützen Handweiser* (32), *1. Grenadiere* (21), *3. Grenadiere* (13), *4. Grenadiere* (12), *Treue Freunde* (10), *Landsturm* (30), *1. Marine* (8), *Jägerlust* (10), *Schützenlust* (12), *Fidele* (13) [11], *Scheibenschützen Heerdt* (10) [12], *Hermann Löns* (10). Am 20.9.35 melden sich die *Handwieser Jonges* als 6. Grenadierzug beim Heerdter Schützenverein an. Die *4. Grenadiere* legen für das Jahr 1935/36 am 18.10.35 eine neue Liste vor, die 28 Mitglieder aufzählt. Die Mitgliedsliste der *3. Grenadiere* vom 6.1.36 umfasst 12 Männer. Weitere Listen aus der Vorkriegszeit liegen derzeit nicht vor. Erst nach der Neubelebung des Vereins nach dem II. Weltkrieg verschaffte man sich wieder einen Überblick über den Mitgliederbestand. Undatierte Schießlisten erlauben den Schluss, dass man wohl um 1950 bereits wieder von 280 aktiven Schützen ausgehen kann; dies bestätigt sich auch weiter unten anhand zusätzlicher Belege. Danach existierten im Sommer 1950 folgende 13 Kompanien, soweit sie in den Unterlagen erfasst sind; dabei gibt es für mehrere Gesellschaften zwei bis drei unterschiedliche Mitgliedslisten: *Landsturm* von 1881: 26 bzw. 29 Mitglieder, *Hermann Löns* (21 bzw. 23), *Jägerlust* (10 bzw. 16), *Schützenlust* (14 bzw. 12), *Marine* (8), *Sappeure* (14), *Reserve* (8), *Alte Freunde* (37), *Jägerkompanie Treue Freunde* (17), *Schill-Kompanie Handweiser* (oder auch *Schill'sche Offiziere*) (11), *6. Grenadiere* (12), *Scheibenschützen Handweiser* (25), *Hubertus* (18). Die zuletzt genannte Kompanie war am 8.1.1888 von 45 Männern als *2. Grenadier-Kompanie* gegründet worden und hatte sich nach dem II. Weltkrieg in *Gesellschaft Hubertus* umbenannt. Am 29.7.50 korrigieren die *Alten Freunde* ihre Zahl und melden 44 Mitglieder. Auf einer Übersicht des Vereinsvorstandes von 1950 mit allen Hauptverantwortlichen sind 15 Kompanien aufgelistet, unter ihnen auch die *Fidelen Schützen*. Wenn man die Mitgliederzahl des *Landsturms* zu den vom Vorstand ausgegebenen 253 Mitgliedskarten addiert, erhält man wieder die bereits oben angegebene Gesamtzahl von (mindestens!) 280 aktiven Schützen; Ehrenmitgliedskarten sind hierin nicht enthalten.

In dem oben erwähnten Schützenaufsatz von 2009 wurde die Frage nach der individuellen und der kollektiven Kontinuität des Vereins angesprochen. Die persönliche Kontinuität könnte jetzt detailliert anhand der Vor- und der Nachkriegsmitgliederlisten untersucht werden. Ich will aber darauf verzichten und Kontinuität auf andere Art und Weise sichtbar machen, nämlich durch das ideelle und nominelle Weiterbestehen des Vereins in Zeiten der – kriegsbedingt – ruhenden Aktivitäten. Bei den Mitgliedslisten fällt nämlich auf, dass es gar nicht so selten – und das gilt mindestens für 5 Kompanien – Eintritte während des II. Weltkrieges gab, außerdem unmittelbar nach dem Krieg, als noch kein Schützenfest gefeiert wurde. Gelegentlich findet man in den Listen auch den Vermerk „Wiedereintritt". Insgesamt sind dies bei der *Jägerlust* 5 Männer (in Klammern ist das Eintrittsjahr angegeben: 2 X 1941, 2 X 1942, 1 X 1947), bei den *Alten Freunden* 8 Personen (1 X 1940, 1 X 1941, 6 X 1947), bei der *Schützenlust* 3 Männer (1941 und 1947), beim *Landsturm* 2 Männer (1947) und bei *Hermann Löns* ebenfalls 2 Schützen (1941 und 1946), wobei aufgrund widersprüchlicher Angaben kleinere Unsicherheiten verbleiben. Unmittelbar vor Kriegsbeginn, also 1939, war der Verein noch um 2 Mitglieder gewachsen. Für uns heute ist dieses Phänomen – aus einer zwangsläufig großen zeitlichen Distanz und auf dem Hintergrund eines völlig veränderten Gesellschaftsbildes betrachtet – sicherlich nicht leicht zu verstehen: Welche Motive, welche Einstellungen und Gefühle mögen diejenigen gehabt haben, die noch 1940, 1941 bzw. 1942 oder bereits wieder 1947 die Mitgliedschaft im Schützenverein angestrebt haben? Wir sollten bescheiden bekennen: Wir wissen es nicht. Und weil wir es nicht wissen, sollten wir uns jeder vorschnellen Interpretation und Bewertung – unabhängig davon, wie sie ausfällt – enthalten.

Im oben zitierten Schützenaufsatz ging es auch um die Frage der staatlicherseits mit großem Druck und gegen innere und äußere Widerstände der Betroffenen unternommenen „Entchristlichung" des Schützenvereins. Auf den ersten Blick spiegeln die hier zugrunde liegenden Unterlagen diese Problematik überhaupt nicht wider. Ob die Erwähnung des Hochamtes anlässlich des Titularfestes im Januar 1936 und die Behauptung, dass das „ganze Regiment" daran teilgenommen habe, mit Bedacht erfolgten bzw. notiert wurden; ob dies eine regelmäßig wiederkehrende Phrase oder gar eine Provokation der nationalsozialistischen Machthaber war: Wer vermag dies zu sagen? Dass der Vereinsvorstand dem Pfarrer Hamacher anlässlich seines 25jährigen Priesterjubiläums im Juli 1935 eine Spende für den „Fonds Benediktusgroschen" überreicht: Ist dies 1935 anders zu bewerten, als wenn dies 1930 oder 1950 geschehen wäre? Die Glück- und Segenswünsche des Vereinsvorstands und die Hoffnung, dass Pfarrer Hamacher auch sein „Goldenes Priesterjubiläum in voller Gesundheit feiern" könne: Ist dies eine „normale" Formulierung in höchst unnormalen Zeiten? Wie steht es mit dem Zusatz „Es wird unser größtes Bestreben sein, Sie immer und in jeder Weise zu unterstützen"? Ist dieses Schreiben vom 12.7.35 im Kern nicht doch ein Signal an den katholischen Ortsgeistlichen, dass den Schützen „die Freiheit eines Christenmenschen" – um einen berühmten Titel zu zitieren - ein hohes Gut ist, das es zu schützen und zu wahren gilt? Fragen über Fragen! Letztlich will ich hier keine verbindliche Antwort vorgeben, weil die dürftige Quellenlage diese wohl nicht so ohne weiteres erlaubt. Wie in diesem Schreiben des Vorstands an Pfarrer Hamacher, so gibt es auch in einem Brief vom 9.9.35 an den Heerdter Schützenkameraden Peter Baasen einen expliziten Gottesbezug. Baasen hatte anlässlich der 500-Jahr-Feier des großen Düsseldorfer Schützenvereins [13] „durch einen meisterhaften" Schuss einen Schützenorden errungen, den er dem Heerdter Schützenverein vermacht. Nun bedankt sich der Vorstand für dieses Geschenk und teilt mit, dass dieser Orden nach dem Ableben seines Schenkers der Heerdter Königskette eingegliedert werden wird. Und dann heißt es weiter: „Möge doch der allmächtige Gott als Lenker aller Geschicke Sie noch recht viele viele Jahre auch in unserer Mitte bleiben lassen und Sie als echten und uns so lieb gewonnenen Kamerad noch lange ewige Zeit zum Wohle Ihrer Familie und des gesamten Schützenwesens erhalten. Dieses ist unser Wunsch und ganz besonders der Wunsch des Unterzeichners dieses Briefes." Neben seine offizielle Unterschrift fügt der erste Schriftführer des Vereins noch „Besonderen herzlichen Gruß dein Kamerad Michael Bahners" hinzu. Ist es nicht erstaunlich, dass und wie der seinerzeit erst 28jährige Verfasser und Unterzeichner dieses Briefes seine Wünsche für den Adressaten in einen dezidert christlichen Kontext stellt? Wenn auch die Anrufung Gottes und die Bitte um seinen Beistand vielleicht in der Vergangenheit nichts Ungewöhnliches waren, so fällt doch auf, dass nach christlichem Verständnis eine wesentliche Eigenschaft Gottes, nämlich der „Lenker aller Geschicke" zu sein, hier besonders betont wird. Auch jetzt vermag ich nicht zu sagen, ob sich der Verfasser damit indirekt vom anmaßenden Anspruch des „Führers und Reichskanzlers", den angeblich die göttliche Vorsehung dem deutschen Volk für die Durchführung großer Taten geschickt hat, absetzen und seine christlichen Wurzeln – und auch die des Schützenvereins – herausstellen will. Wenn sich aber andererseits der Verein bei den braunen Machthabern hätte anbiedern wollen – wofür es keine Belege gibt -, dann würde man nicht solche Briefe wie an Pfarrer Hamacher oder an Peter Baasen schreiben, die, in falsche Hände geraten, die nationalsozialistischen Behörden provoziert und den Schützenverein in größte Schwierigkeiten gebracht hätten. Insofern bestätigen aus meiner Sicht solche Dokumente die im oben erwähnten Aufsatz über die Geschichte des Heerdter Schützenvereins erarbeitete und durchgehaltene Interpretationslinie hinsichtlich des Verhaltens des Vereins unter einer deutschen Diktatur.

Zu guter Letzt sollen noch zwei Schreiben aus dem Jahre 1935 einer näheren Betrachtung unterzogen werden, die – das sei jetzt schon gesagt -, nur provisorischen Charakter haben kann, weil für eine abschließende Bewertung weitere mündliche und schriftliche Quellen hinzugezogen werden müssten, die wohl nicht mehr existieren bzw. deren Überleben und Auffinden immer unwahrscheinlicher wird. Am 1.10.1935 teilt der Vorstand des Heerdter Schützenvereins der in Leverkusen-Bürrig ansässigen Erzbruderschaft vom heiligen Sebastianus – im folgenden EB abgekürzt - seinen Austritt aus dieser Bruderschaft mit. Wie lange die Heerdter Schützen bereits Mitglied der EB waren, ist mir nicht bekannt. Vor 1933 hatte die katholisch ausgerichtete Bruderschaft „immer wieder vor den Nationalsozialisten im allgemeinen und Hitler im besonderen gewarnt."[14] Aus verschiedenen Gründen „stellt sich die Erzbruderschaft in den ersten Jahren des Dritten Reiches auf die Seite des früheren Gegners (...)."[15] „Seit wann der Verband dann wieder auf Konfrontationskurs zu den Machthabern des Dritten Reiches ging, der schließlich zur Auflösung der Erzbruderschaft am 6. März 1936 durch die Gestapo führte, ist schwer abzuschätzen."[16] Plett vermutet, dass es „spätestens im Laufe des Jahres 1935 zu Auseinandersetzungen zwischen der Erzbruderschaft und den nationalsozialistischen Schützenbeauftragten oder –verbänden gekommen sein muss, die schließlich dazu führten, dass die Erzbruderschaft – Dr. P. Louis – (...) ihre bevorstehende Auflösung ankündigte."[17] Trotzdem scheint das schnelle Vorgehen der Staatspolizei die Bruderschaft überrascht zu haben. Das Erzbischöfliche Generalvikariat Köln ist übrigens „bei der Auflösung der EB nicht eingeschritten"[18], weil dieser Verband nie die Zustimmung von offizieller Kirchenseite erhalten hatte; ja er wurde vom Kölner Erzbischof gar nicht als kirchliche Bruderschaft anerkannt, u.a. aus kirchenrechtlichen Gründen, auf die hier nicht näher eingegangen werden muss. Unterstützt wurden von Köln nur die diversen lokalen kirchlichen Schützenbruderschaften, und zwar durch Unterstellung unter die einzelnen Pfarrgemeinden.[19]

Die Motive der Heerdter Schützen für ihren Austritt aus der EB bleiben unklar: Ist es die oben angedeutete schleichende Akzeptanz des Nationalsozialismus durch diese Bruderschaft, oder ist es der lokale Druck der Partei und/oder übergeordneter Schützenverbände, die die Heerdter Schützen zum Verzicht auf ihre Mitgliedschaft in einem – zumindest noch dem Namen nach – christlichen Verband veranlassen? Zwischen diesen Extremen dürfte die Wahrheit zu finden sein.

Ulrich von Hehl hat in einer grundlegenden und umfassenden Studie, auf die hier empfehlend verwiesen werden soll, den Weg der rheinischen

Katholiken und der Kölner Amtskirche in dieser unseligen Zeit detailliert nachgezeichnet.[20] Eine große Rolle spielt bei ihm die Frage, welche praktischen Konsequenzen das bereits 1933 zwischen der Reichsregierung und dem Vatikan abgeschlossene Konkordat für den rheinischen Katholizismus hatte. Die ursprünglich allgemein abwartende Haltung der Katholiken schlug ab Herbst 1933 in den Willen zur Verteidigung der vertraglich fixierten Garantien um.[21] Für 1934 beobachtet von Hehl[22] eine demonstrative Unterstützung der kirchlichen Forderungen. Er weist außerdem eine gesteigerte Intensität des kirchlichen Lebens nach. Für den uns hier interessierenden Zeitraum vom Frühjahr 1935 bis zum Winter 1935/36[23] notiert er die wachsende Einengung des Lebensraumes der katholischen Vereine durch eine Reihe staatlicher Erlasse. Seit Mitte Oktober 1935 untersagen die Polizeibehörden vielerorts sämtliche weltlichen Feiern katholischer Organisationen. Hierdurch trafen sie auch Zusammenschlüsse wie Bruderschaften, Müttervereine und Kirchenchöre.[24] Wie weit diese von Plett und von von Hehl dargestellte Entwicklung dem Heerdter Schützenverein bekannt war und ihn beeinflusste, ist nur schwer zu sagen. Zumindest wissen wir ja, dass er nicht verboten wurde. Welche Motive jedoch letztlich zum Austritt aus der EB führten, bleibt vorerst und vielleicht für immer ungeklärt.

Der bereits oben erwähnte Präses der EB, der Pfarrer Dr. Peter Louis, antwortet den Heerdtern am 2.10.35. Zwar akzeptiere er – so Louis - den Verbandsaustritt zum 31.12.35, er fragt aber nach den Gründen. Er will auch wissen, ob der Heerdter Schützenverein „bei der Kirche" abgemeldet sei, „da Sie ja als Mitglied der EB als kirchlicher Verein eingetragen waren", was natürlich sachlich falsch ist. Schließlich stellt er noch die Verfahrensfrage, ob unter dem Aspekt des „Führerprinzips" die Mitgliederversammlung dem Austritt zugestimmt habe. Dieser versuchte Einblick in den vereinsinternen Willensbildungsprozess der Heerdter Schützen überschreitet Louis' Kompetenzen, aber unabhängig davon: Eine Befragung der Heerdter Schützen hat sicherlich nicht stattgefunden, denn die Protokolle von Vorstandssitzungen und Mitgliederversammlungen kennen diese Thematik gar nicht. Abschließend will Louis wissen, ob die Heerdter, die angeblich durch die EB dem Deutschen Schützenbund angehören bzw. angehörten, wieder diesem Bund beitreten wollen. Auch darüber scheinen – soweit die Protokolle diese Aussage erlauben – sich Vorstand und Mitglieder keine Gedanken gemacht zu haben. Vielleicht liegt dies auch daran, dass sie von den Ereignissen überrollt wurden: Am 31.1.1937 wird dem Heerdter Schützenverein ungefragt mitgeteilt, dass er jetzt Mitglied des Deutschen Schützenverbandes im Deutschen Reichsbund für Leibesübungen sei.[25] Peter Louis legt in seinem

Schreiben vom 2.10.35 dem Heerdter Schützenverein, da er ja „nur noch als Sportverein gelten" wolle – was ein völlig falscher Schluss aus dem Austrittsschreiben vom 1.10.35 ist -, nahe, den „Ehrentitel ‚St. Sebastianus' von Ihrem Namen zu streichen." Der handschriftliche „Erledigt"-Vermerk des ersten Vorsitzenden der Heerdter Schützen vom 16.10.35 auf der Rückseite des Briefes von Louis trägt die Ergänzung, dass der Austritt aus der EB in der vorgenommenen Form bestehen bleibe; „eine Beantwortung des vorseitigen Schreibens erübrigt sich."[26]

[1] Vgl. Norbert Schlossmacher, Gaststätten in Heerdt im 19. Jahrhundert, in: Bürgerverein Heerdt (Hg.), Heerdt im Wandel der Zeit VI, Düsseldorf 2005, S. 122-144.

[2] Vgl. Alfred Wilms, 20 Jahre nach der Eingemeindung: Die Beseitigung des Heerdter Engpasses, in: Bürgerverein Heerdt (Hg.), Heerdt im Wandel der Zeit VII, Düsseldorf 2009, S. 77-100.

[3] So z.B. in Bd. I über den Bürgerverein Heerdt und über die Position des Bürgervereins zwischen Bürgerinitiative und Bezirksvertretung; in Bd. II über den Bürgerverein Heerdt, über die Rolle der Bürgervereine im kommunalpolitischen Vorfeld und über die Anfänge des Heerdter Schützenwesens; in Bd. IV über den Kirchenchor; in Bd. V über die Komödien- und Jugendbühne; in Bd. VI über den Männergesangverein von 1898, über CfR links und über den Kunstverein Kunstort Bunkerkirche; in Bd. VII über den Schützenverein und über das Blasorchester.

[4] Vgl. dazu den Aufsatz von Norbert Schlossmacher, dem die Existenz dieses Bürgervereins anscheinend nicht bekannt war: Die älteren Heerdter Bürgervereine, in: Bürgerverein Heerdt (Hg.), Heerdt im Wandel der Zeit II, Düsseldorf 1980, S.13-17. Schlossmacher geht nur auf die beiden Bürgervereine aus den 70er Jahren des 19. Jahrhunderts und aus dem Jahr 1907/08, nicht jedoch auf den uns hier interessierenden Bürgerverein aus den frühen 20er Jahren ein. Insofern könnte man sagen, dass der seit 1955 ununterbrochen existierende Bürgerverein Heerdt e.V. der 4. Heerdter Bürgerverein und wohl auch der erfolgreichste von allen ist. Trotz der detaillierten und präzisen Darstellung von Norbert Schlossmacher über die ersten beiden Heerdter Bürgervereine spricht Hans-Joachim Neisser in seinem im übrigen durch viele Fehler gekennzeichneten Buch 100 Jahre Düsseldorf linksrheinisch oder wie Düsseldorf über den Rhein kam, Düsseldorf: Grupello 2009, S. 108-109, von der „Wiederbegründung" des im Kulturkampf entstandenen Bürgervereins im frühen zwanzigsten Jahrhundert; angeblich soll dies 1902 gewesen sein. In Wirklichkeit handelt es sich um eine 1907 vollzogene völlige Neugründung dieses kurzlebigen zweiten Heerdter Bürgervereins mit einer völlig anderen Zielsetzung.

[5] Er war übrigens, wie das erste Protokollbuch des Heerdter Schützenvereins belegt, im Jahre 1888 Schützenkönig.

[6] Darunter an K.H., den Kläger des weiter oben erwähnten Prozesses

[7] Bezeichnend ist das Schreiben von Theodor Halinde vom 28.5.1923, der seinen Austritt aus dem Artillerie-Verein (!) bekannt gibt. Das spricht für eine Identifizierung des BV mit dem AV, zumindest im Bewusstsein von Teilen der Öffentlichkeit. Ein sich an dieser Stelle befindliches Dokument, das die Quittung von 45 Mitgliedern des BV bezüglich des Erhalts der BV-Satzung zum Gegenstand hat, muss älteren Datums sein.

[8] Vgl. Klaus Bahners, Der Heerdter Schützenverein – Ein Rückblick auf die letzten 100 Jahre, in: Bürgerverein Heerdt (Hg.), Heerdt im Wandel der Zeit VII, Düsseldorf 2009, S. 188-228.

[9] Hierher gehören auch das Schreiben des Vereins vom 16.8.35 an die „Materialverwaltung der Stadt Düsseldorf", dass man zur „Ausschmückung des Nikolaus-Knopp-Platzes für die Schützenfesttage" 5 Stadt- und 5 Hakenkreuzflaggen benötige, und das Schreiben vom 25.1.1936 bzgl. Einheitssatzung und Vereinsführerbestätigung. Dieses Schreiben trägt irrtümlich das Datum 25.1.1935. Dass es in der chronologischen Abfolge der Unterlagen im Kontext den Januar 1936 abgeheftet ist, dürfte als Argument für die von mir behauptete fehlerhafte Datierung nicht ausreichen. Überzeugender ist die Tatsache, dass man für die Schreibmaschinen-Kopie nicht das klassische „Durchschlagpapier" verwendet hat, sondern die Rückseite eines gewerblichen Anschreibens der Firma M.A.N. vom 17.12.1935 an die Firma Bahners, deren Mitinhaber Michael seinerzeit der erste Schriftführer des Schützenvereins war. Dieser hat dann am 25.1.1936 das fragliche Schreiben in der erläuterten Form benutzt: Sparsamkeit kann Datierungsprobleme lösen.

[10] Der § 6 der Satzung des St.-Sebastianus-Schützenvereins Düsseldorf-Heerdt vom 30.3.1934 bestimmte mit ausdrücklichem Bezug auf das Führerprinzip: „Der 1. Vorsitzende wird durch den Führerrat (großer Vorstand) auf drei Jahre berufen und in der Generalversammlung bekanntgegeben."

[11] In der Festschrift der Fidelen Schützen zur Fahnenweihe 1928 umfasste die Kompanie 28 aktive Männer.

[12] Als Bestandsdatum ist der 1.5.1934 angegeben; wahrscheinlich ist 1935 gemeint.

[13] Seinerzeit ging man noch von 1435 als Gründungsjahr aus.

[14] Walter Plett, Die Schützenvereine im Rheinland und in Westfalen 1789-1939, Köln 1995, S. 442. Ob Plett für diese Dissertation auch auf Heerdter Quellen zurückgreifen konnte, lässt sich seiner Arbeit nicht entnehmen; zumindest fehlt jeder diesbezügliche konkrete Beleg. Andererseits ist es mehr als wahrscheinlich, dass er zur Vorbereitung seiner Studien auch den Heerdter Schützenverein angeschrieben und um Material bzw. um Beantwortung seiner Fragen gebeten hatte. In der Liste der Schützenvereine auf S. 703 sind alle 4 linksrheinischen Vereine erwähnt: der Heerdter, der Löricker, der Niederkasseler und der Oberkasseler Schützenverein.

[15] Ebd., S. 442.

[16] Ebd., S. 443.

[17] Ebd., S. 462.

[18] Ebd., S. 464.

[19] Ebd., S. 464.

[20] Ulrich von Hehl, Katholische Kirche und Nationalsozialismus im Erzbistum Köln 1933-1945, Mainz 1977.

[21] Ebd., S. 73 f.

[22] Ebd., S. 77.

[23] Ebd., S. 101.

[24] Ebd., S. 102.

[25] Man beachte, dass der Deutsche Schützenbund nicht identisch ist mit dem Deutschen Schützenverband!

[26] Es kann hier der Vollständigkeit halber noch nachgetragen werden, dass es – wie von Hehl auf S. 174 in Anm. 4 schreibt – gegen Pfarrer Dr. Louis 1938 eine der zahlreichen Ausweisungsverfügungen gegen politisch missliebige Pfarrer gegeben hat. Unmittelbar nach dem II. Weltkrieg hat er sich als Diözesanpräses der Historischen Bruderschaften um die Aufnahme des Großen Düsseldorfer Schützenvereins in die EB bemüht. Die Düsseldorfer blieben ihr aber wegen der in den Statuten verbrieften „Freiheit von konfessioneller Bindung" des Vereins fern: Mit Rücksicht auf die evangelischen Schützenkameraden könne es in dieser Hinsicht keine Änderung geben. Detaillierte Informationen hierzu finden sich bei Paul Klees/Karl Ludwig Zimmermann, Die Sebastianer blieben sich selber treu. Ein Rückblick auf die wechselvollen letzten drei Jahrzehnte, in: Schützenzeitung 18 (1966), S. 188-254, hier S. 210-211.

## Zum Verfasser siehe:
www.klaus-bahners.de

# BEI GRIN MACHT SICH IHR WISSEN BEZAHLT

- Wir veröffentlichen Ihre Hausarbeit, Bachelor- und Masterarbeit

- Ihr eigenes eBook und Buch - weltweit in allen wichtigen Shops

- Verdienen Sie an jedem Verkauf

Jetzt bei www.GRIN.com hochladen und kostenlos publizieren